文學叢刊

黃金河著

人間亦自有桃源

——登山臨水二十年

文史哲出版社印行

國家圖書館出版品預行編目資料

人間亦自有桃源：登山臨水二十年 / 黃金河著. --
初版. -- 臺北市: 文史哲, 民 91
面; 公分. -- (文學叢刊 ; 149)
ISBN 957-549-490-3 (平裝)

855 91024492

文學叢刊

人間亦自有桃源

登山臨水二十年

著者：黃金河
出版者：文史哲出版社
http://www.lapen.com.tw
登記證字號：行政院新聞局版臺業字五三三七號
發行人：彭正雄
發行所：文史哲出版社
印刷者：文史哲出版社
臺北市羅斯福路一段七十二巷四號
郵政劃撥帳號：一六一八〇一七五
電話 886-2-23511028・傳真 886-2-23965656

實價新臺幣三四〇元

中華民國九十一年(2002)十二月初版

ISBN 957-549-490-3

自序

進入中央信託局，一轉眼就是三十七個年頭了。歲月忽忽，流光如箭，回首前塵，眞個是世事一場大夢，人生幾度新涼！

初識中信局之名，直可遠溯至半個世紀前。依稀記得是民國四十七年的夏天，與幾位同時執教於故鄉小學的朋友，北上參加高普考試之後，偶然的機緣，道經延平南路，幾間不甚起眼的房舍，經人指證，藉悉便是耳聞高薪厚祿的中信局，雖不甚了了，心實嚮往之！

其後，隨著升學浪潮的激盪下，告別杏壇，赴笈於復校初年的政大黌舍。畢業役滿，重返母校研究所。指南山下，埋首螢窗孜孜矻矻的日子裡，忽然一旦傳來考試院爲中信局舉辦特考，進用正式職員的訊息。於是，在初識中信之名的七年後，即五十四年秋天，經過一場轟轟烈烈的考場厮殺，終於得遂所願，由指南山下一腳跨進嚮往久之的中信局大門。當年延平南路上不起眼的房舍，也已蛻變爲武昌街上耀眼地標的堂皇建築。

從此，日逐於案牘之間，因循不覺韶光換。彈指間，卅餘載光陰匆匆溜走，少年子弟江湖老，往事如雲煙，蹉跎成白首，不旋踵間，已到了該賦歸去來兮之期。回顧所來徑，雖非平坦順暢，偶亦躓踣頓挫，終能逐一克服，卒得安然告退，亦云幸矣！

檢點行囊，在平凡的職場生涯裏，無心插柳，自七十三年起，公餘之暇，隨著中信局山岳社與游泳隊，或登高山或游名潭，遠離塵囂，雲水飄飄，襟懷蕩蕩，名利不能纏，五欲不能縛，如此生機，觸目動心。爲了不使青春留白，或者老去的將來，能有豪情洋溢的回憶，每回興盡歸來，便不自禁的將屐痕化爲文字，登於中信通訊期刊上，多年來也頗能博山水同好一粲。

茲當臨退之際，一以敝帚不敢自珍，一冀雪泥長留指爪，乃就有關登山臨水暨部分國外遊蹤舊作，稍作整理，揀選出卅篇蕪文，彙成一書，既以供同好臥遊遣興，也不枉中信局走一回，數十載情緣留取他年說夢痕！

回顧多年遊戲文章，居然能彙集成書，首先得感謝中信局山岳社創社社長，有攀百岳紀錄的同事好友戴文芳兄，以及當年岳社的前鋒嚮導安維有、林炳約、林信陽、林慈幫、黃慶鴻，還有後衛金掃把羅盛鍔與現任社長王毓槐諸兄，沒有他們的啓迪誘導、觀前護後，我們這一步豈能豪邁的跨出？而歷任中信通訊主編同仁的青睞與鼓勵，也是山水文章能持續推出的動力。

至於師大林教授孟眞學姊的薦介，文史哲出版社彭正雄先生慨允策劃付梓事宜，均令深感。

廿年來，登山臨水，舞文弄墨，老伴紀雪幸或同行或祝福，她的參預與激勵，間接促使拙著的順利完成，功莫大焉！

卅篇蕪文，雜記山水見聞，卑之無甚高論，只是癩痢頭的兒子，畢竟難抑疼惜之情，貽笑大方，謬失之處，尚祈有以正之！

二〇〇二年十二月 **黃金河** 於台北中央信託局

人間亦自有桃源 目錄

——登山臨水二十年

自序……………………一
輕舟飛渡秀姑巒……………………二三
偷閒結伴越能高……………………三二
攀登百岳第一峰……………………四三
但開風氣不爲師……………………五〇
巍巍玉山一登臨……………………五四
甘苦共嘗雪山行……………………六四
岳友欣有社，千山結伴行……………………七四
笑聲滿碧山……………………八〇
登大霸、攀奇峰……………………八六
合歡踏過雪無痕……………………九六
武界曲冰好風光……………………一〇三

白揚訪瀑布秀姑泛輕舟……一一一
疑幻疑眞小鬼湖……一二〇
碧海青山花東行……一三〇
合歡攀過雪花飄……一四〇
流水三年間 玉山二登臨……一五三
佳節逢重陽 登高覓桃源……一六五
濯足天巒池 振衣武法奈尾山……一七〇
走古道 訪九份……一七九
草嶺古道采風行……一八六
攜手登坪頂 歡心賀局慶……一九五
學然後知不足……二〇三
似曾相識燕歸來……二一〇
遊美瑣記……二二〇
人間淨土瑞士行……二三一
又見美西……二四三
橫渡明潭又一秋……二五五
扶桑十月楓似火……二六〇

貂山古道越群峰……二六八
尋幽直到法蘭西……二七四

輕舟飛渡秀姑巒，大軍陣仗非等閒

越嶺能高出龍澗，先馳得點且優閒

（賴慶鴻、鄭文全、作者）

攀登百岳第一峰，成如容易卻艱辛

巍巍玉山一登臨，排雲莊前各歡欣
（陳寶明、鄭文全、作者、賴慶鴻）

大霸當前雲霧縹緲

甘苦共嘗雪山行，「哭坡」當前加把勁
（作者、陳隆雄、莊清隆、賴慶鴻、吳以智）

甘苦甘嘗雪山行，百岳東峰且留影

合歡攀過雪花飄，武嶺歸途天色新

尋常一樣合歡山，纔有雪花便不同

武界曲冰好風光，賞心悅目精神爽

偷得浮生半日閒，花東縱谷樂逍遙（作者夫婦）

花東美景看不盡，姊妹好友結伴行
（中爲作者夫婦，左姨妹雪盡右好友明珠）

流水三年間，玉山二登臨（晨曦攻頂意氣豪）

貌不驚人西玉山，木製神祠世罕見

似曾相識燕歸來，重遊花東，出泰源幽谷，東河橋前惹塵埃（作者與山岳社長戴文芳）

花東健行途中吊橋一景（想當年神采也飛揚）

濯足天巒池，振衣武法奈尾山（作者夫婦與好友明珠）

遊美瑣記（兩老與女兒留影於白宮周圍人工河畔櫻花樹下）

遊美瑣記（作者夫婦與女兒瞻仰自由女神像，攝於紐約港口畔，背後曼哈頓島的擎天大廈群、雙子星大樓今已灰飛煙滅矣）

遊美瑣記（夜訪紐澤西美綾豪宅前，右美綾母子，左作者三人行）

瑞士山城安德馬小鎮，風光如畫
（左爲作者，中左楊太太，中右雪幸，右楊薯王）

人間淨土瑞士行，茵特拉肯似仙境
（兩對不服老的馬車上沿街拉風）

又見美西（兩對親家與一雙新人留影於環球影城）

又見美西（北加州森森紅木，罕見汽車穿透樹）

橫渡明潭又一秋，中信健兒氣如虹

朝霧碼頭待命下水的蛟龍群

北日本花卷機場賓如歸（作者夫婦）

扶桑十月楓似火，風光綺麗卷葉園

貂山古道越群峰（作者與同事唐財興、傅兆輝、葉筱蓁、許政國）

巴黎鐵塔匆匆一瞥（作者夫婦）

尋幽直到法蘭西，凱旋門前長相憶

闔家團聚亦桃源（90 年春節，次女偕夫婦自美歸省，
天倫暢敘，三代同親，樂也何如！）

輕舟飛渡秀姑巒

一、緣　起

大概是從去年開始吧，透過大衆媒體的傳播，加上好事者的渲染，花蓮的秀姑巒溪，一夕之間成了旅遊勝地，泛舟樂園，說秀姑，道秀姑，說不盡的風光旖旎，道不完的驚險刺激，簡直是另一個「廬山煙雨浙江潮」了。

禁不住同事好友的邀引，也眩於秀姑的盛名，此番終於凡心大動，報名參加了本局游泳隊所舉辦的秀姑巒溪泛舟自強活動，準備享受一次「豪華」的一日半之遊。

二、出　發

報名後，企盼的日子裡，密切注意天氣的變化，也到處打聽有關資料。興奮之情，彷彿又回到兒時學校舉辦遠足前夕一般，就差那手之舞之，足之蹈之的一份狂勁了。

好不容易盼到了八月四日，出發的日子，中午下班後，大夥分途趕赴火車站集合。慶鴻、永吉與我三人，各光桿一個，是最逍遙的一群，而文全、美綾、秀全等則扶老攜幼，闔第光臨，眞的是少長咸集，群賢畢至。原已擁擠的月台上，顯得更擁擠了。東一堆，西一簇，到處是似曾相識的面孔，這些人平日在局裡，多半還談不上點頭之交呢，但此刻，突然有一種異地相逢的親熱勁，無不展顏相向，一股暖流，直透心底，令人深嘆旅遊之妙，起碼它可縮短人與人之間的距離，有道是相逢便是有緣，何況又同遊！

三、癡　等

但今天，悶熱的天氣，擁擠的車站，似乎還透著一股莫名的窒息感。

十二時五十五分，開車的時刻到了，卻遲遲未見火車入站。初還以為例行的誤點而不以爲意；可是，愈等下去，愈覺不對勁；時間一分一秒的過去，就是沒有火車的訊息。月台上，亦安靜得出奇，只見一堆堆的旅客，翹首雲天，一包包的行李，散置滿地。我們這些本來瀟瀟灑灑，悠哉遊哉的出門人，也漸感不耐。幾經打聽與交涉結果，原來是站裡火車出軌，阻礙進出。一個多小時過去了，才從擴音器裡傳來因事故，來往火車不能按時開動，很抱歉的簡單說明。幾時可修好，卻仍沒個準，我心雖急，好在只是孤家寡人，較少牽掛，既來之，則安之，等就等吧。有一句台諺說「未曾剃頭的，卻偏偏遇上個大鬍鬚」，眞是怪事年年有，沒有今年多，硬給碰上了，徒嘆奈何！

這樣癡癡的等，或許是誠感動天吧，火車總算在四時左右開出，原來是一列加班的直達快車，經這一打岔，卻成了幾乎逢站必停的特級慢車。旅運至此，眞令人要大喊天道寧論了。

四、夜　遊

快車慢行，這一段旅程足足耽誤了四個小時左右。抱怨聲中，花蓮是到了，可卻到得神不清氣不爽，原來擬議抵達後仍可一覽花蓮港歸帆與天祥夕色的計畫既泡了湯，而夜駛北迴鐵路，枉他一路的明山秀水，也枉他沿途隧道的鬼斧神工，都爲朦朧夜色所掩，只能憑想像揣摹「它」的不凡與偉大，更有一種錦衣夜遊之憾，但，我們這一群，好不容易出趟遠門，難得偷閒學少年，既抵花蓮，實不甘就此作罷，於是，草草沖洗後，與慶鴻，文全還約了永吉與他的兩位朋友，招車出巡。先逛夜市，繼漫步於濱海公園，一路清風爽爽，暑意與怨氣盡消，想古人秉燭夜遊，果然良有以也。最後，以一頓別致的鵝肉大餐結束簡單的夜遊。小飲之樂，尚在其次，藉此結識了幾位朋友，才是此行的「無心插柳」哩。

五、早　起

儘管昨夜晚歸晏寢，今晨仍然比規定的起床時間——凌晨五時，早起了半個多小時，爲的保持不間斷的四季晨泳紀錄，四時半就與慶鴻兄相約到達旅館對面的泳池，朦朧中游夠五百公尺起來，已不覺東方之既白，冷水沖身，有如醍醐灌頂，一夜缺眠，至此竟然睡意頓消，精神抖擻。

六時左右，全體整裝待發，八十多人分乘兩部遊覽車，經過一段不算短的山路，在八時許抵達此行活動的目的地——瑞穗。秀姑巒溪的泛舟活動，就要由此開始。一種新鮮感，也是一陣興奮，大夥紛紛下車，在指定的地點著好救生衣，戴上頭盔，分組聽講泛舟要領：什麼抓緊繩索、身體前傾、不要緊張了等等，總歸一句話，就是膽要其大，心要其細罷了。稍事整理，一切就緒，眞的就要揚帆待發了。

六、泛舟

秀姑泛舟，係以每一橡皮舟上乘坐八人爲原則。我們一行八十多人的大軍，兵分十一路，這氣勢已經夠瞧的，沒想到在我們之前，已有好幾部遊覽車的數百同好，早已放舟中流。本該是寧靜清爽的溪口，此時橡舟羅列，人聲嘈雜，倒頗有幾分風雲際會，赤壁陳兵的味道。

我與慶鴻，永吉，李先生搭配了美綾的尊翁、妹妹還有她兩個兒子，這樣的組合，名義上是要我們四員大將照顧他們四個老弱婦孺，而實際上嘛，恐怕還得騎驢看唱本——走著瞧哩！

有道是五百年修得同船渡，此番同舟共濟，緣份固然不淺，而安危所繫，更不敢掉以輕心。我與慶鴻自告奮勇，分跨舟首左右兩側，懷著一顆興奮卻也有幾分忐忑的心情，一聲令下，拔了個頭籌，準備搶先出發。但由於平日既乏操舟經驗，臨事又顯緊張，上得船來，一個左划，一個右撥，力道出盡，而橡皮舟硬是不動。還沒開始呢，已經弄得手忙腳亂了，眼見別人一艘艘的出發了，我們還在原地踏步，說不動就不動，心裡一急，乾脆下船用手拉著算了。好在水深僅及胸部，踏在水底，心情反而踏實些，而心裡一篤定，再上船，慢慢的，竟已划出了。這開始的一小步，今日說來容易，想當初感覺上卻不見得比阿姆斯壯的那一步輕鬆哩！

凡事起頭難，一開了頭，就容易多了。纔說容易，困難接著便來。舟起處不到一百公尺，便是秀姑巒溪的第一道急灘。眼見前舟一艘艘的在那裡左旋右轉，大呼小叫，我們這裡，固然也手癢難熬，恨不得快快前往一試，卻也不無如臨大敵之概，兢兢業業，步步爲營。但，要來的終究要來，是福不是禍，是禍躲不過，眼見小舟，步步湧向急灘，好奇、緊張、心怯、興奮，心中眞是百感交集，萬念叢生。接著，一聲到了，急忙咬緊牙根，半閉著眼睛，緊緊抓牢皮筏上的粗繩，也顧不得身體是否前傾，但見，說時遲，那時快，一葉扁舟，已衝向白浪深處。此時也，口中是「南無阿彌陀佛」唸個不停，心底是十五個吊桶，七上八下，但聞水聲嘶嘶，水浪過處，人舟都濕了個大半，驚呼聲中，輕舟已過第一灘。有一種慶獲重生的雀躍，也有一種勇渡難關的豪氣，回顧來舟點點，更有一種過來人幸災樂禍的自得感，還有一種不過爾爾的心態；說什麼急流，說什麼險灘，其實也不過如此，「及至到來無一事」，顯然是目見不如耳聞了。

但，可先別得意，眞的好戲還在後頭呢！

渡過了第一灘，才稍稍喘口氣，緊接著一個大漩渦又在前面等著我們哩。好在，有了安渡第一灘的經驗，心裡算是篤定多了，漩渦就漩渦吧，畢竟我們也是來者不善，善者不來哩！剎那間，一個衝擊，一次迴旋，幾度把牢不住，突然船首變成了船尾，所幸船上的人兒仍安然無恙，驚魂甫定，而船身竟已深陷漩渦中。前後左右四員大漢，「一、二、三」喊著口令，使盡了平生力氣，不過是把船身轉了幾轉，一而再、再而三的漂浮其間，幾經掙扎，仍不得突圍而出，眼見後邊來舟，一艘艘呼嘯而過，心裡是又著急又好笑，急的是三度來回，仍無法破浪而出，好笑的是我們這些雖非書生，卻百無一用。這樣僵持了十來分鐘，不知是否漸已得心應手，或者天可憐見，突然不在意的一次迴旋，船身竟已莫名其妙的突圍而出，續往下游。此時再回顧來處，又有後之來者，正步我們後塵，也在那裡嘶喊掙扎，看他們的窘狀，不禁令人發出會心的微笑，而這一笑，也似乎把剛才的緊張疲累，抖落殆盡。

漩渦之後，水勢漸趨平穩，看看時間，已經過了半個多小時。出發以來，先是協調適應，繼之連闖兩關，根本無暇他顧。此刻，才有一份較爲閒適的心情，游目四顧，但見水面櫓舟處處，人聲與水聲爭鳴，岸邊是群山聳立，危岩峭壁，水光與山色俱秀。斯時也，清風徐來，水波不興，輕舟慢划，人坐其上，幾疑天上人間，從前蘇東坡詠西湖山水之美，有「水光瀲灩晴偏好，山色空濛雨亦奇」之句，若把秀姑比西湖，恐亦不稍遜色吧！

這樣悠哉遊哉的渡過了一段愜意的水面後，原在被保護之列的楊家兩位小弟，漸漸不甘雌伏，且看人划槳，見獵心喜，也自動請求加入行列，一試擊楫中流的滋味，眞個好不快哉。而此下急流、險灘，居然也漸已難不倒我們。漫長的流域，不知是長年累月的奔流與侵蝕抑或造物者有意的安排，每一段險灘，多佈置在相等的距離上，使得我們在每一次使盡力氣與驚懼過後，總有一段較安閒的片刻。一緊一鬆，一鬆一緊，不知不覺間已經划到全程三分之二的奇美休息站。只可惜，由於我們舟行較緩，被取消休息的機會。

距離出發點已經三個小時過去，儘管陽光時隱時現，天空幾片烏雲幫了我們很大的忙，太陽沒想像中的炙熱。但就這樣，繼續出發時也已經感到疲累不堪：划槳雙臂俱告酸疼、夾舟雙腿半已麻木，而僵硬的頸部更有轉動維艱之苦，觸目前程，一片茫茫，突然，一個不小心「澎咚」一聲，糟糕，船觸礁了，船身側傾，溪水灌入，狀頗危急。救生艇呼嘯而至，濺起的水珠潑濕了我們的頭臉，可是，扶正翻船，仍有賴共濟者的同心，在一陣慌亂過後，靈台漸趨明淨，一致決議，先將船拖至岸邊，倒水扶正再奔前程。本已饑累交加，經此折騰，正所謂「屋漏偏逢連夜雨」，再上船，幾已有氣無力。

所幸，此下水面漸寬，水勢轉穩。衡情度勢，乾脆擱槳舟中，各人抓牢繩索，讓它來個載沈載浮，隨波逐流算了。說也奇怪，這一放鬆後，舟行反覺平穩，而兩岸的秀姑漱玉反可以儘情的飽覽個夠，這時才領略到這名動江湖的秀姑漱玉，其實是幾十百塊奇形怪狀的溪底溪旁的嶙峋怪石，經過溪水長年累月的漱洗，石頭固然肖人肖獸百態叢生，而顏色之潔白亮麗，尤令人嘆爲觀止，忍不住想上前摩挲一番。領略過這日月精華所形成的山川靈秀，衆人咸嘆造物之奇，儘管饑腸轆轆，而秀色當餐，居然神清氣爽，大呼過癮不止。

過了秀姑漱玉，這一段廿六公里長，廿三處急流險灘的秀姑巒溪泛舟水域，就算接近尾聲了。三、四十分鐘後，終點的長虹橋已在望，但見長虹橫空，跨溪而過，一橋聳立，海天雄峙，氣勢固然雄偉，景色亦堪稱一絕，看看終點近了，輕舟已渡秀姑巒，趕緊把握良機，往水裡一跳，享受一段載沈載浮之樂，給這段難忘之旅，另添一份情趣。

七、歸 程

我們是先發後至，上得岸來，已近午後一時。領隊哨音頻吹，一個命令，一個動作，三十分鐘內連換洗帶午餐，拚命三郎似的，不輸當年的成功嶺。

準時登上遊覽車後，才算獲得眞正的休息機會，車返花蓮，沿著花東海岸公路急馳，左山右水，景色幽麗，但大夥多已無力欣賞，泰半走入夢鄉，尋周公去也。

返程火車倒是準時開出，帶著一身疲累，道經舊時路，感覺上車行似乎快了不少，一路無話，於萬家燈火中，重返紅塵十里的夜臺北，踏出車站，迎向歸程，結束這一天半的驚險與刺激，有一種歷劫歸來以及劫後重生的感受，但說實在的，秀姑巒，眞不賴！

中信通訊一四四期七三、十一、一

偷閒結伴越能高

一、菜鳥爬山

在幾位同好的慫恿下，興致勃勃的報名參加了本局藝文社所舉辦，山友們夢寐以求的「能高越嶺」之行。儘管是平生第一遭，但此行係由百岳名家戴科長文芳兄苦心籌劃，藝文社的副瓢舵把子李秉科長增邦兄親身率領，正字招牌，信用可靠，且事前已通過幾次試腳考驗，臨行倒是滿懷信心與刺激。

但，說實在的，什麼叫「能高越嶺」？在我們幾位形同「菜鳥仔」的新手，雖然對著地圖也猛瞧過那麼幾下，腦海裡卻依然一片空白。幾經打聽琢磨，再對著行程表一再研究參詳，才大致有了個譜。

所謂「能高」，原來是橫亙於臺灣東西的中央山脈之一支，而「能高越嶺」，便是指攀越能高山橫貫中央山脈，由西至東的一項壯舉。據說這一越嶺路線，是目前橫貫中央山脈最大衆化的路線，屬於長程徒步旅行，全程共約七十公里。我們將以三天的時間，徒步通過，完成越嶺壯舉。文芳兄行前一再的保證，路況包君滿意，絕無危險，我們遂安心的報了名，隨隊出發，準備來一次「菜鳥」爬山。

隊伍於三月廿七日下班後成行，實際越嶺則爲廿八，廿九，卅，三天，全隊成員計四十一人，各人背包、睡袋、乾糧、行囊可觀，而隊中嚮導六人，除自身裝備外，尙揹負著全隊兩次晚餐，，兩次早餐的糧食，炊具，行囊重達六，七十斤，比起他們來，我們簡直是小巫見大巫嘛！

二、埔里第一

全隊在總局大樓門前集合，點名後登上遊覽車，司機先生見過全隊陣仗也暗暗縐眉，深以超重爲苦，一路小心翼翼，不敢開快車，而車亦開不快也。

十時左右抵達埔里，夜宿埔里第一大飯店。其實，所謂「第一」不過是棟四層樓的古舊旅舍而已。第一也者，不知是取她的歷史悠久、老舊第一抑或是「蜀中無大將，廖化當先鋒」，區區老舊房舍，當年竟也拔了頭籌？但山城不爲小，此舍稱第一，眞令人有見面不如聞名之感哩！

隊長文芳兄，聽說是登山老規矩，千叮嚀，萬囑咐要大夥早早安眠，硬性規定明晨三時起床；我們既然報名參加越嶺，也有自覺，此行並非純旅遊，自也不敢妄動綺思，明知埔里素以醇酒、美人、紅甘蔗、白米粉聞名，也只好自我約束，不敢消受去也。

翌晨準時起床，用餐著裝，一切就緒後分乘預先雇妥的兩部卡車，在曙色蒼茫中駛向能高山區。懷著一顆興奮、新奇的心情，踏出艱苦旅程的第一步。

卡車由埔里經霧社、廬山兩處名勝，惜摸黑趕路，天色未明，即使名勝也只能視而不見了，車子在闃黯的山路奔馳，天空是烏黑一片，遠山近樹也都是黑漆漆的，眞的是天朦朧、山朦朧、樹朦朧，便連山路也朦朧哩！野風呼呼，空氣是一片清新；山中冷氣，撲面生涼，大夥紛紛從背包取出風衣穿上，卡車往屯原的方向左彎右拐，持續爬升，新鮮的經驗，興奮的感覺，洋溢在各人臉上。呼吸山間清新的空氣，一股原始的氣息，使人有頓獲解脫的舒暢感。一路笑語聲喧，打破山間岑寂。按照預定的時間表，六時到達廬山檢查哨，等候驗證。天色已亮，雲霧漸去，再上車到海拔一千七百公尺左右的屯原下車。

由此開始，我們算是正式踏出能高越嶺的第一步了。按照圖表說明，今天的路程，約十八公里左右，全程都是緩坡上升，預計六，七個小時才能抵達目的地——海拔二千八百六十公尺的天池保線所。

三、屯原起步

屯原下車後，大夥整妥背包順便分得便當一個，在隊長一聲令下，個個調整呼吸，邁開腳步，一步步走上去。

起初，大家都精神飽滿，有說有笑的，加上久雨初晴，山間氣清，步行於山間小徑，沿途樹木蓊鬱、蒼翠欲滴，很能讓我們這些久居鬧市、終日案牘勞形的人兒大開眼界之餘，頓覺神清氣爽，心曠神怡。

據說能高越嶺是一條熱門的登山途徑，但畢竟山高路遙，鮮有人煙，沿途山木草石，處處散發原始的野性與壯麗。我們一行，向東盤道屈曲而上，漸漸遠離青翠的山坡和稀疏的房舍，整個山區只聞鳴禽的啼喚和腳踩落葉的沙沙聲。抬眼四周，雄偉的山勢，壯麗的山容，處處令人嘆爲觀止。貿易處的鄭秉科長文全兄，年前曾隻身遠遊歐、美大陸，遍覽彼境名山大川，此番親炙寶島名山，一時驚爲天人，大爲驚嘆。一路上不停的喊著，「不登臺灣高山，不知寶島之美麗」。是的，祖國河山，只有親身體驗，沐浴其間靈氣，才會更覺親切而可愛。教育當局，多年來一再倡導加強民族精神教育，以我看來，走一趟山川，越一次高嶺，活生生的教材，想必勝讀十年書哩！

約莫走了兩個小時，先鋒部隊已抵達海拔二、三六〇公尺高處的「雲海」保線所。我們這一趟越嶺，走的就是保線路。據說臺電公司在沿途共設立廬山、雲海、天池、檜林、奇萊、盤石、水濂七個保線所，作爲廬山到銅門東西輸電線維修的工作站及保線員工的住所，這些保線所平日人跡罕至，卻是能高越嶺隊伍的最佳憩息處。我們在此，稍事休憩，一大半的隊友紛紛拿出便當，就地解決。蓋一來減輕負擔，二來距凌晨三時半早餐已隔了五個多小時，體力消耗，亦亟待補充也。不料，飯盒甫啓，而天空突然暗了下來，未幾一陣急雨，眞的是小雨來得不是時候，只得著上雨具，匆匆飯罷，便再度踏上征程。

而此上山間氣象，轉趨動蕩，時雨時晴，變幻不定。晴則一片清新，遠山近樹，蒼翠欲滴，雨則水花四濺，滿地濕濘，山樹空濛；惟若非晴不雨，則又迷霧遍施，十公尺外，一片茫茫，行走其間，但覺山樹若即若離，忽隱忽現，有一種虛無縹緲的感覺，幾疑身處九重天外，令人飄飄然有出塵之想。

文芳兄行前路況概述，曾告以這條曲折的小徑，要通過許多瀑布，吊橋，木橋和幽邃的深谷，幾個小時下來，這些精彩鏡頭，果然一一都到眼前來，尤其經過幾處鐵索吊橋時，兩邊濃霧籠罩，中間一線鐵索孤懸，行走其上，左搖右擺，耳聞踏板吱吱作響，眼睛不敢左顧右盼，斯時也，縱然沒有魂飛天外，也都切切實實地領會到臨深履薄的滋味。

走走停停，又過了四個多小時，大夥疲態漸露，先鋒部隊才在大雨滂沱中抵達了越嶺第一天的目的地——天池保線所。此地海拔二千八百六十公尺，爲越嶺路線最高處所，已罕人跡，保線所的鑰匙，還是從雲海那邊的駐所人員商借來的。

四、雨困天池

大雨不停地下著，大夥侷促於保線所兩間木屋內，全身裝備，半已濕透。屋內是室窄人多，出屋一步，則風雨撲人，行不得也哥哥。

整個下午，四十幾員大將，全裹著睡袋，擠臥在兩間木屋內，或作宰予之晝寢，或作無邊際之瞎蓋，反正也是無可奈何中的自尋其樂也。

五時不到，可敬的嚮導們端出來香噴噴的米飯，還有排骨肉、豆腐乾、滷蛋、玉米湯等等，一頓色香味俱全的晚餐，三、兩下就清潔溜溜。想到所有糧草、炊具都是六位嚮導遠從臺北揹負而上，這三千公尺深山別致的晚餐纔眞的是粒粒皆辛苦哩！我們在飽餐之後激感之餘，也不得不暗呼慚愧！

而風雨不停，最是惱人，感於征程未了，雨困荒山，不禁愁湧胸懷。房地產科的賴兼科長慶鴻兄，一直嘀咕著雨若不停，勢必坐困天池，而深山隔絕人寰，倘有個三長兩短，後果的是堪慮云云。慶鴻兄爲目前局內擁有國家博士學位第一人，又兼曾是高考、甲等特考兩第狀元，說話自然也較具權威性，他老兄的不斷嘀咕，遂也大大地影響了軍心士氣，不禁也暗暗後悔於自己的孟浪：好好在家有福不享，深山老遠的跑來參加什麼越嶺嘛？所幸隊長暨幾位登山老手一旁拍胸保證，以他們的經驗預卜明日必可放晴，勸大家稍安勿躁，事已至此，除了相信百岳專家，復有何說。

但，說也奇怪，不知是天可憐見抑或祈禱有靈，子夜過後，眞的是雨過天晴。迷迷糊糊中，一聲起床令下，睜開睡眼，看看腕錶，才凌晨三時呢，大夥已經七嘴八舌，互以天晴爲題，彼此慶幸著。

還未及整裝，即聽說隊中已有十二男女好漢，輕裝往登能高北峰和奇萊南峰兩座名列「百岳」的高山，一些年輕體壯以人事室的莊兼科長清隆兄爲首的健腳們，頗以未能跟上爲憾，而我們這些有自知之明的老爺隊，對於這一項特別節目，則只有敬謝不敏的份。

草草早餐，再度整裝出發，天色大亮，雨後群山，週遭清新亮麗，眞個賞心悅目。今天的行程，由天池經檜林到奇萊保線所，路程約廿公里左右，全程皆屬緩坡下山，想像中應無昨日艱難，但由二千八百多公尺下到奇萊的一千一百多公尺處，一天徒步直降一千七百公尺，實際上，卻不那麼輕鬆的。

從天池保線所出發，一路向東，途中經多處崩礫斷崖，雖稱危險，但小心通過，也還不難。而一路緩坡而下，沒有昨日爬登之勞，難怪乎大夥精神奕奕，尤其昨日上坡喘息爲難的幾位胖哥如慶鴻兄等，更是精神昂奮，步履輕健，不愧是上山一條蟲，下山一條龍也。

看看四個小時過去，一路下來，倒也稀鬆平常。豈奈好景不長，眼見檜林過去，奇萊已近，誰知峰迴路轉，檜林與奇萊之間的五甲崩山帶坍方情形嚴重，使原來的越嶺路完全傾圮，必須多繞爬一個三百多公尺高的陡峻山頭，陡升陡降，一上一下，多耗去兩個多小時不說，還把大夥累得有氣無力。到後來，簡直就是三步一小停，五步一大停。好不容易攀登上峰頂，但見眼前豁然開朗，山上風和日麗，綠草叢生，竟是另一番景象。而遠望西方天際，奇萊連峰，歷歷如在眼前，山上皚皚白雪，仍然耀眼生輝。這一路越嶺，尚無緣濯足萬里流，此際，得以振衣千仞崗，意氣風發，也算不枉一番跋涉了。

下得山來，又過個把小時，終於抵達了今天的終站——奇萊保線所。已有幾位工人憩息於此，兩天的荒山深徑，所過闃無人煙，至此重聞人聲，倍感親切。

五、奇萊夜行

託他臺電保線之福，此地已有淋浴設備，雖稱簡陋，但有熱水沖身，兩天勞頓，消去大半。越嶺至此，已完成三分之二，又聽說明天的山路悉爲卡車道，儘管路程仍有廿八公里之遙，既有卡車可達，且近有人煙，也不像昨夜天池那般岑寂荒涼，心裡算是踏實多了。

山莊適有卡車一部，閒著也是閒著，幾經協調，商得主人同意，由領隊李兼科長增邦兄率領部份自覺體力不勝的隊友先行乘車開赴花蓮，以俟明日會師偕返臺北。

最後一天，也是下山的日子，由於預定在上午九時前就得趕抵越嶺的終站水濂保線所也就是龍澗發電廠，搭乘遊覽車出花蓮，而廿八公里的碎石路，一般速度最少也非七小時不爲功。於是，子夜十二時，當一般人或許尚未就寢，或者好夢方酣之際，我們這一大群卻早已起床待命，用罷宵夜式的早餐，一切整理就緒，一時四十分便悄悄告別山莊，摸黑夜行。想古人秉燭夜遊，而今我等則是摸黑越嶺，也算是異曲同功吧！

昨夜隊長鄭重宣佈，今晨趕路必須拿出全副精神。因是，大夥才上路，步伐便顯得輕快豪邁。斯時也，冷眼旁觀，深更半夜，荒山古徑，一列默默趕路的隊伍，各人秉電筒，邁闊步，那副急急如喪家之犬的樣子，不禁令人莞爾。想想此刻，本該是躺在家裡舒適的席夢思上，大做其好夢的時候，而偏偏跑來深山古徑，負重夜行，難不成個個神經都有點問題吧？

今天的主要關卡，原來是一段驚險漫長的危崖，名叫天長斷崖的，因地勢變動，斷崖如今已崩圮廢棄。要通過這段路，必須涉過一千二百公尺積水的天長隧道。於是，趕呀趕的，一個山洞接一個山洞，一個隧道過去又一個到來。盤石在望，路程才只一半，稍事休息，恐擾人清夢，隨即再度起程，漸漸的，晨曦微露，曙光乍現，而一路下來，手電筒的電池也將耗盡，好在路況漸明，沒有電筒也看得清楚了。

天色漸亮，晨間空氣清爽，體力雖漸覺不濟而精神則尚飽滿，由安嚮導帶頭的一批快腳，聽說六時四十分即已抵達地頭。全部隊伍則於八時十分左右，在號稱掃把的後衛嚮導羅盛鍔兄的護持下完全到齊。早則五個小時，遲亦僅六個半小時，廿八公里長的碎石路，這一路趕下來，竟然沒一個脫隊落伍的，即在行家如安嚮導的眼裡看來，我們這一群，也還眞是可以呱呱叫的。

但趕到花蓮參加慶功宴時，大夥下車後一跛一拐的窘態，則又頗似戰場下來的傷兵殘卒，萎靡困頓之狀，又是別有一番滋味在心頭哩！

六、歸來雜感

此番偷閒，得償越嶺之行，計山中兩夜三晝，負重行遠，體力耗盡，而賞心悅目，則精神百倍。終能平安歸來頻頻樂道，藝文社主事諸君，尤其領隊李科長，勞怨兼任，計畫綦詳，功莫大焉。而隊長文芳兄暨嚮導安維有、李明峰、羅盛鍔、林信陽、林慈幫諸君，行則居前護後，止則燒湯煮飯，隊友咸獲週至照顧，免於饑渴，無安全之虞，更令人激感。

隊中高齡如安嚮導與事務科王專員玉樹兄，年逾耳順，而領隊李兼科長，信託處陳襄理福榮兄，公保處陳兼科長傳博兄……等人並以知命之年，而足健耐勞，不輸於少壯。至女性同仁如信託處李秀珠、王金燕、王麗枝、羅基琴諸小姐，平日似覺弱不禁風，惟長途跋涉，了無怯意，而步步逼緊，不落人後，矯捷輕快則有如脫兔。由是可見，耐力與毅力，端視平日歷鍊與個人意志如何耳，實無關性別與年齡。觀乎能高之行，老非弱，女而強，並皆順利完成越嶺壯舉可證。

此行參加人員有科長級以上主管十餘人暨男女同人甚衆，平日多因公忙，向鮮聯繫，此番假越嶺之便，偷閒結伴，跋涉山水之間，同患難，共甘苦，公誼私情，俱獲增進，則又是另一無形之收穫也。

猶記前年，筆者亦曾參加本局游泳隊遠赴花蓮，輕舟飛渡秀姑巒，餘音猶在，此番結伴，再越能高，山水之戀，的是迷人。要問個中滋味，眞有倒吃甘蔗之妙。想本局社團人才之盛，活動之踏實，失之交臂，殊屬可惜，果能偷得浮生數日閒，何妨學作少年遊！

中信通訊一五〇期七五、五、一

攀登百岳第一峰

——中雪山健行瑣記

一

這裡所稱的百岳，係山友們的慣用語，意指本省境內海拔在三千公尺以上的高山，每登上一座，即完成一岳，登上百座，即完成百岳。凡屬登山同好，無不以攀登百岳爲無上榮耀。全省山友不下數十萬譜，據悉目前已完成百岳壯舉者，僅有百十餘人而已，由此足見其難。

惟本局各社團人才濟濟，無論上山下海，各路英雄好漢，應有盡有。即以登山而論，完成百岳壯舉的便有兩位：儲運處的戴科長文芳兄暨調研處的林專員經世兄。至於完成五，六十岳的健腳則有：信託處的李明峰，林信陽，李秀珠小姐暨外匯處的黃壽博，林慈邦兄等，眞箇是臥虎藏龍不可等閒視之。

此番由文芳兄所率領的登山隊，目標即爲排名百岳之一的中雪山，其所以稱爲第一峰者，蓋中包括筆者在內的多數同仁，都是初登百岳名山中的第一座故也。

中雪山位於台灣中部，海拔三千公尺以上，與小雪山，大雪山並爲大雪山示範林區管理處所管轄林區，資源豐富，風景優美，目前已被規劃爲森林遊樂區，係健行或登山攬勝的熱門路線。

二

此次成軍倉促，惟領隊暨嚮導均係本局百岳健腳，加上有識途老馬羅盛鍔兄負責壓陣，無安全顧慮，因此報名極爲踴躍。而我們幾位越嶺能高僥倖全身歸來的老戰友，早忘卻了昔日跋涉之苦，又一馬當先的報了名。說來好笑，每一次跟大伙翻山越嶺，無不弄得筋疲力竭、叫苦連天，在嶺上山間就常指天矢日的發誓，下次再也不來了，但等一回到家，過不了幾日，體力恢復了，這些健忘的人兒，倘得忙裡偷閒，又會很自然的期待著再一次的登山之行。就像這一次，明知三千多公尺的中雪山，遠在苗栗，台中深境，聽說坡度陡峭，攀爬不易，卻仍躍躍欲試，眞個是明知山有虎，偏向虎山行。

三

一部半新不舊的遊覽車，裝載著四十多位男女同仁，照預定時間於十二月十三日（星期六）下午二時，由本局大門出發。行經高速公路，大家說說笑笑，心情十分愉快。六時許，過豐原，抵達東勢，夜宿東來旅舍。

分配房間，稍事休憩後，有一頓別開生面的晚餐，六菜一湯，十人一桌。大伙平日雖天天見面，但多僅匆匆點頭，一瞥而過，今夜得便聚敘，同桌共餐，氣氛顯得特別親切而熱鬧，一頓飯把彼此的距離拉近了許多。

飯中領隊宣佈登山老規矩，三時半起床，四時早餐，四時半登車出發，希望大伙早些安歇，應付明日艱苦的一仗。

然而難得偷閒外遊，正是夫在外，妻命有所不受，誰也不願早見周公，尤其一些平日就喜歡喝上幾杯的酒仙之輩，更是不願放棄此一良機。於是，山城小鎮的東勢夜攤上，便可見三三兩兩的台北佬，在那裡飄飄欲仙哩！

夜攤上是酒逢知己千杯少，而旅舍裡西窗剪燭，促膝而談，更不在話下。於是乎，儘管軍令如山，夜貓子仍然不少，不寐的一夜，也是令人難忘的一夜。

四

三更未到，通知起床的鈴聲便響起了，一個命令，一個動作。匆匆漱洗，草草餐畢。四時半已整裝出發，再一次領受摸黑趕路的滋味。這次乘的是遊覽汽車，座位是舒適了些，但車頂緊閉，無由盡覽繁星在天的美景，倒不如坐那敞篷的卡車，得以仰視蒼穹的奧妙，來得過癮些。

五時抵達和平警察分局大橡派出所的檢查站，由東勢起算，剛好十五公里。或許是來早了些，吵醒了值班人員的好夢，檢查手續似乎麻煩了些，經過一陣折騰，纔獲通過。一聲令下策馬入林，正式開上中雪山的林道。地圖上的指標顯示，由此地到森林遊樂區主站的鞍馬山莊，還有二十八公里之遠，由鞍馬山莊再深入二十六公里才是中雪山的登山口。

五

由側面獲悉，遊覽車司機還是十多年前到過一趟，暌違至今，景色依舊而人事已非，令人頗有人面桃花之嘆，一入林道，儘管小心翼翼，怎奈山路崎嶇，雖然步步爲營，卻仍不自禁爲大伙揑一把冷汗。一路上不斷的默唸「南無阿彌陀佛」，祈求諸神庇佑，人車平安。

峰迴路轉，隨著轔轔車聲，曙光漸現，終於紅日抛出，天色大亮。越行越深，但見四周蒼翠的青山之外還是青山。林道先是崎嶇不平的硬土路，漸入則是碎石泥徑。車身過處，塵土飛揚，爲寧靜的山間帶來一陣惱人的囂塵。

盤曲迂迴，漸行漸遠漸高，危坐車中冉冉上升，幾如凌虛蹈空。正暗感得意之際，誰知好景不長。行經一處轉彎凹地時，突覺車身一陣痙攣，說時遲，那時快，只聽得司機老兄一聲「糟了」！車子隨即癱瘓似地停擺在那兒。檢查的結果，說是轉軸關節斷了，除非找人換修，否則只有困坐愁城了。按此處距離東勢將近三十九公里，到登山口則還有三十公里之遙，林木森森，前不著村，後不搭店。幸好老天爺幫忙，還未及顧慮如何善後時，只見身後突然冒出了五，六部大雪山林區載木大卡車，正要趕入深山工作去。一經商量，當即爽快答應順道送我們直入登山口。留下的遊覽車，只好由司機逕行處理了。

這些載運巨木的十輪大傢伙，馬力十足，司機先生又是山中熟手，一路雖風馳電掣，心頭卻安穩踏實多了，不怕那車身震動，也無視山路顛簸，敞篷車座中或坐或立，儘管塵土飛揚的滋味不好受，但山澗林泉，森林風光，盡入眼底，而山間清新的空氣，撲鼻而來，令人神清氣爽。這番別具野趣的享受，就不是四周密閉的遊覽車所可比擬的。

六

九時半，飛車奔抵登山口。計自東勢至此，六十九公里的林道，汽車足足開了將近五個小時。此處海拔二千四百多公尺，由此開始直攀海拔三千一百七十二公尺的中雪山頂。山口到山頂，距離不到二公里，高度則將近八百公尺左右。距離雖短，而高度可觀，坡度的陡峭，不言而喻。

約妥卡車下午二時左右在原地會齊，匆匆把分配到的午餐便當先行解決，卸去一大半行囊，藏於路旁樹叢，大伙便磨拳擦掌蓄勢待發。

原以爲輕裝攀登，必當輕鬆愉快。誰知事與願違，一開始迎面而來的便是六，七十度幾乎筆直的陡坡，延續不斷，一氣呵成，還不到半個小時，隊伍就已經七零八落了。擔任先鋒的文芳兄，不愧是百岳老將，早已走得不見蹤影。包括筆者在內的幾位老戰友，則已氣喘如牛，越上越累，山徑則越顯逼仄，兩旁箭竹叢生，常常遮住去路，若非手腳並用，亦撥亦爬，簡直寸步難行，肢體功能已經發揮到了極致。除了一些年輕伙伴和登山老手外，一大半的人都已累得上氣不接下氣，大喊吃不消，再也沒有閒情逸致享受什麼森林浴了，一心只盼早登山頂，以便脫離苦海。

本以爲年初已經有過一次越嶺能高的經驗，小小一座中雪山何懼之有？一時大意輕敵，到頭來幾乎弄得灰頭土臉。按能高越嶺，跋涉雖苦，畢竟還是緩坡上下，距離拉長，而中雪山徑，一路峭坡陡立，直上直下，毫無緩衝餘地，短短兩公里，即使是健腳的百岳好漢，也得秏時兩個鐘頭左右才能登上；至於我們這些次等的則要兩個半小時以上；等而下之，最後一批上去的，則共花費三個半小時；還有幾位體力不濟的伙伴，幾呈半虛脫狀態，實在心有餘力不足，只到達三千公尺左右高處，即半途折返，功虧一簣，雖然心有未甘，畢竟保命要緊，何況留得青山在，纔不怕沒柴燒。

我們一行於十二時左右，使盡全力，纔好不容易的攀登上峰頂。沿途所經，箭竹叢生，林木交錯，幾乎是在不見天日的狹窄陡坡攀爬，至此始覺豁然開朗，天地爲之寬闊。傲立三千一百七十二公尺的山頂，不必更上一層樓，也能目窮千里，睥睨群倫。視野所及，氣象萬千，群山環繞，景色秀麗。遙極西邊天際，同屬百岳高峰的大，小霸尖山綿亘聳立，橫看成嶺側成峰；右邊大雪山，青青草原，一片蒼翠；卻顧來徑，更有一份雲深不知處的縹邈出塵的意境。

免不了攝影留念，藉示到此一遊，也好下山炫耀，神氣一番。盤桓了半個小時，凜於卡車時間限制，只得趕緊原路急返。

下山看似容易，實則一路連滾帶摔，等下抵原處坐上卡車後，才稍有喘息安歇的機會，而筋骨痠疼，徒步維艱，更不在話下。但一種完成任務凱旋而歸的成就感，則漲滿心頭，令人振奮不已。立於車座上，有如得勝回朝的將領，得意之態，流露於眉眼之間。此時環視四周，纔猛然發覺處處楓紅，點綴山間，風情萬種，景色竟是如此的秀麗幽絕，這大概就是所謂的境隨心轉吧！

出山未半，遊覽車已然修妥相候。換車直奔東勢，到豐原已是萬家燈火。從晨間登山口急就章的用過便當後，至此整整十個小時，米粒未進，饑腸早已轆轆。拗不過五臟神的抗議，領隊只得法外施恩，同意大伙停車用餐。於是一聲令下，各奔目標，狼吞虎嚥，好不快哉。

再上車，返抵台北，已經十時又半了，回想此行，披星而出，戴月而歸，雖未櫛風沐雨，亦折騰了二十多小時，行經數百里，卻只攀得這百岳第一峰，中雪若有知，亦當引以慰。

中信通訊一五四期七六、三、一

但開風氣不為師

——中信游泳訓練班活動點滴

一

七月初，年度伊始，改組後的中信游泳隊，爲加強服務同仁與眷屬，利用暑期學習游泳技能，特別貼出了它的第一張快報，宣佈開辦游泳訓練班的消息。對於嚮往水中遨遊的旱鴨子，這不啻是入夏後的一服清涼劑，大伙爭相走告，頗有躍躍欲試之勢。更令人興奮的是，此番訓練事宜，不再假手外人，而悉由游泳隊一手包辦。新人新政，這種以同仁爲教練、楚材楚用的方式，在中信游泳隊，固然是一項創舉，舉目其他行局或機關，也是一種新鮮而罕有的嚐試。

二

訓練活動自七月六日展開，至八月一日結束。每兩週一個梯次，前後共兩個梯次。每天中午，晚間各開一班，洽租極具地利之便的北市師專游泳池做爲訓練場地。情商本局游泳隊高手洪泰昌與羅盛鍔二兄分任夜，日班總教練，並動員其他隊員分別擔任各班助教，逐日輪值協助訓練事宜。

泰昌兄不但是本局游泳隊高手，也是全國四季潛水游泳會名將。歷年參加全國性游泳馬拉松比賽，自二千公尺至一萬公尺，幾乎無役不與，且每次都拔頭籌。君若不健忘，往年本局游泳隊出征，倘有捷報傳來，便都是他老兄的傑作。

至於盛鍔兄，原是高山攀越隊伍有名的掃把，每次負責殿後安全任務，古道熱腸，有口皆碑。在全國游泳界更是大有名氣，目前還兼具中華民國水上救生協會總教練及考試官等頭銜。放眼時下各泳場水上救生隊員，十九出自其門下，元老級的泳將，位尊望重，可不是蓋的。

三

也許是運動風氣日趨普遍，抑或兩位總教練，人的名兒，樹的影兒，盛名之下，嚮慕者殷。報名參加的人數，竟遠逾預計，並且有欲罷不能之勢。無奈，限於游泳隊經費與人力不堪負荷，兩個梯次之以後，只得忍痛割愛，準時下片，對於向隅同仁及眷屬，謹代表游泳隊，敬請鑒諒則個！

四

訓練分日，夜兩班進行。日間班由中午十二時至一時半，夜間班由六時至七時半。前者學員多屬總局同仁，但見他們每天一到中午，兩個麵包或一個便當，草草解決了民生問題，便匆匆趕往游泳池報到。無視於高照驕陽與炙人烈日，也犧牲了夏日炎炎正好眠的午休享受，只要一頭栽進水裡，便覺塵慮盡消。學習情緒的高昂與認眞精神，令人感佩！

夜間班則以公保處暨門診中心同仁爲多。總教練泰昌兄即服於該中心的藥劑科，地利與人和兼具，使得學員與教練之間，倍覺親切而熱絡。教者固然使出渾身解數，傾囊相授，學者也都興致勃勃有趣且起勁。這種感人的活動畫面，相信不是其他雜牌隊伍所易見的。

五

隊長戴文芳兄，總幹事孫順發兄，自始至終，無分晝夜，有班必到，是教練以外兩位全天候的大功臣。接洽游泳池到籌劃訓練事宜，一百多人次，無論鉅細，事必躬親。在公忙之餘，還得爲這些繁雜又煩瑣的外務分心，難怪一個月下來，已經弄得人仰馬翻，大喊吃不消了。中信游泳隊隊長這項頭銜之成爲燙手山芋，無人敢接，沒人願碰，其中道理，不言可喻矣。好在任期一年，人人有份，只要是隊員，總有你好看的一天哩！

六

而此番，在隊長奉獻精神的感召下，所有游泳隊員也都奮勇爭先，全力參與，日、夜分班，逐日輪值，辛勞難免。但在看到部份學員於喝夠了必需的池水後，竟然也能載浮不沈，由最基本的韻律呼吸、水母漂到划手、蹬腿等動作，先是閉氣埋首池裡使力划不前，到頭來居然抬頭換氣，蛙步輕移，一副悠游自如狀，也不由得會心一笑，疲意頓消。

孔子說：人之患，在好爲人師。經過這一個月的折騰，權充助教的隊員們，亦難免罹此一患，好在助人爲快樂之本，畢竟義務性的輔助與解惑，去傳道，授業之旨尚遙，相信學員同仁，當不以吾等爲患吧！

七

訓練期間，本局職工福利委員會曲兼主任委員光達顧問的蒞臨，是值得一記的盛事。儘管訓練班的教練，學員，皆係周瑜打黃蓋，一個願打，一個願挨，但酷日炙膚，風雨不輟，不具堅忍卓絕的精神與毅力，是無法堅持到底的。個中甘苦固然如人飲水，冷暖自知，惟代表局方的福利會總瓢把子肯紆尊降貴，翩然光顧，正足以代表上級之重視此一活動。無形中給予默默耕耘的隊職員與埋首習泳的學員們，以莫大的鼓舞與振奮，善莫大焉！

中信游泳隊秉持著但開風氣不爲師的精神，作此嘗試，固然囿於各項實際因素，不週之處在所難免，惟所有隊員，都已獻出了一份心力，服務同仁與回饋母隊。但願拋出去的這一塊粗磚，能引來更多可貴的細玉！

中信通訊一五七期七六、九、一

巍巍玉山一登臨

興奮出發時

盼待了一個多月，經過連續四個週日密集式的試腳考驗後，終於盼到正式上場的時間：十月十六日（星期五），纔下班，一大群奇裝異服的同仁，便聚集在總局大門口，興奮地等待著一次難忘的征程——玉山行。

爲等這一刻的到來，打從九月份起，凡是報名參加攀登玉山的同仁，都得遵守領隊也是百岳老將的儲運處科長戴文芳兄所訂下的規矩，準時出席連續四次的台北近郊高山腳程訓練外，平日還得依照要領自我鍛鍊個人體能，幾經淘汰，選出了四十幾位男女同仁。結伴攀登名山，機會難逢，有幸躬逢其盛，而這一刻就在眼前，難怪大伙的興奮之情，都洋溢在臉上。

而我們這些自前年越嶺能高，攀登中雪歸來的老戰友，暌違多日，再聚一起，話舊談新，還沒上車，就有道不盡的山話。這時，才猛然想起能高，中雪兩次艱苦經驗，往事歷歷，一一湧上心頭。當時就已經再三告誡自己，像那般拚命三郎式的登山趕路，還是少碰爲妙，怎奈時間沖淡記憶，不知不覺又報了名，也勉強通過考驗，獲准上陣。如今看到大伙全副武裝、配備齊全的登山陣仗，興奮之餘，也不禁暗暗嘀咕自己的再度孟浪。但是，已經騎上虎背，說不得只好硬著頭皮往前衝了。

難忘古「蓬萊」

遊覽車準時開離本局大門，卻因碰上下班的擁擠車潮，走一步，停一步，費了好大勁才躋上高速公路。較預定時間晚半個小時，而於十時左右抵達嘉義，這個昔日名噪一時的豬羅古鎮。車子在距車站不遠的一條小巷中，找到下榻地方。

旅社號稱「蓬萊」，顧名思義，深具古意。三層樓的建築，外表斑駁老舊，也確實「古」得可以。逼仄的客房，滿室風塵，破舊的窗櫺，還看得見幾片搖幌的蛛網；簡陋的木床，吱吱作響；昏暗的燈光，令人有置身時光隧道，重返太古的感覺。想二十世紀的現代，人們早已享慣文明的成果，最起碼的套房設備，都已不看在眼裡，幾曾看到如此老舊房舍？放眼今日寶島，再想另覓如斯古蓬萊，當眞是戞戞乎難矣哉！好在大伙登山不只一次，大風大浪中過來，野餐露宿，尙且不懼，有如此令人發思古之幽情的棲身處，已經算是比下有餘了。

安置妥當後，我們這群老饕，在有地主之誼的房產科賴兼科長慶鴻兄的領導下，循例逛到著名的文化路夜市。一客鱔魚麵，兩，三盤小菜，幾杯黃湯下肚，便又飄然賽神仙了。但爲了明天艱辛的行程，也不敢過於陶醉，三杯兩盞過後，便趕快打道回衙準備餵蚊子去也。

排雲夜漫漫

蓬萊戰鬥半夜，解圍不見周公。凌晨三時，口哨聲起，全隊起床著裝，在門口集合後，分乘兩輛改裝的客、貨兩用車，往玉山方向駛出。

天還未亮，黑色的大地上，只有車前的兩道強光，大伙坐在車上，看不見更遠的前方，也看不見曾經經過的途徑。兩旁樹立著的黑影，也弄不清是何方神聖，好像是拂曉前的攻擊，只可惜車上的人兒，由於晏眠早起，多表現得無精打采，有的還在忙著與周公打交道，只有聽任司機把我們載向闃寂，肅穆的黑暗裡。

黑暗中，聽說阿里山過去了，卻什麼也沒看到。直等天色微明，稍稍可以辨明週遭的一切，車子卻耍起老爺脾氣。五時半左右，就賴在原地說什麼也不動了，簡直是年初中雪山卡車中途故障的翻版。貿易處的鄭兼科長文全兄還笑著安慰大家不要慌，說什麼只要有他在，車子抛錨是免不了，但總會逢凶化吉的。下車隨意走動，讓領隊與司機去傷腦筋。此時旭日未昇，萬籟俱寂，身處衆山環擁之中，可以任意伸張自己的肢體和言語，可以隨心吐納自己的氣息與呼吸，可以縱情地蹲坐走動。無心插柳柳成蔭，一種身心舒泰的感受，倒該感謝抛錨的車子所賜予。世間事，塞翁馬，就像這原屬於短暫的苦惱，竟換來滿懷舒泰的怡悅，不也正是焉知非福？

設法連絡上已到達自忠檢查站的另一部車，回頭接我們，等全體到齊，已經快七點了。

自忠舊名兒玉，爲紀念張自忠將軍而改名。海拔已在二千三百公尺左右，是登玉山的入山檢查哨，吳鳳鄉所屬的雪峰派出所，就設在這裡。此地可以很清楚地看到玉山主峰，也就是我們此行攀登的目的地。近山情怯，卻也禁不住一股躍躍欲試的衝動。

草草用畢早餐，再上車，於八時半抵達塔塔加鞍部。這兒是通往排雲山莊步道的起點，一般的登山隊伍，都由此仰叩玉山，很自然地成了出入玉山的門戶。

按照行程，由此下車，開始正式的登山課程。今天的終站是三千五百多公尺高的排雲山莊，全長僅九公里，但上下一千公尺的高度，清一色維持向上攀爬的上坡路，這樣的路況，卻非以踏實的步伐，用力攀爬不爲功。在到達美麗的目標之前，將有一陣磨厲以需的功夫。

領隊一聲令下，幾位嚮導，前鋒，後衛佈置就緒，大伙調整呼吸，蓄勢待發。之字型的上坡路，迂迴曲折，隊伍出發不久，便已顯示出功力了。年輕的健腳，隨著先鋒安嚮導，早已消失在林木與雲霧中；我們這一組老爺隊，雖然也努力向前，卻總有一份力不從心的感覺，只好自甘落伍了。好在尚有少壯派的市立師院實小的張老師培廉兄與善體人意的掃把夫婦緊跟在後，心情篤定不少。

入山越深，感覺也逐漸顯得異樣。空氣稀薄，呼吸為難，好像整座玉山就壓在你的胸口；同時漸漸的耳鳴口乾，頭暈目澀，惱人的高山症已趁隙襲來，躲也躲不過。體力，精神漸覺不濟，進三退一，走走停停，登山變成了遊山。要不是殿後負責安全的掃把嚮導羅盛鍔兄，一路的加油打氣，如此走法，要到達山莊，恐怕眞是俟河之清，人壽幾何了！

雖然，路是人走出來的，而這一段九公里上坡路，也讓我們體會到行者常至的道理。但當我們以蹣跚的步履，終於把滿身疲累拖上三千五百廿八公尺高的排雲山莊時，卻早已臉泛蒼白，心口猛跳，萎靡困頓不堪。才午後三時半的山上，太陽落得快，天色已近薄暮，而攝氏三度的氣溫，不但涼意已深，簡直近乎冰冷了。

原以為我們是最後一批上來的，誰知緊跟著陸陸續續尚有來者，如：人事室陳主任寶明兄，莊兼科長清隆兄以及人壽保險處的吳以智科長夫婦……等人，看他們困乏之狀，似乎比我們好不到那裡去，細問之下，才知道他們中途還插播節目，另跑一趟玉山前鋒回來，計算腳程，足足快我們兩個小時以上。錯把馮京當馬涼，眞眞小看了人家！

三千五百公尺上的排雲山莊，想像中，應該是寧靜安詳的。然而今夕排雲，卻擠滿來自各地的登山客，熱鬧吵雜，盛況不下於台北西門町。本來容納六十人的床位，卻得塞滿一百五十餘人，平均兩個榻榻米大的床位，硬是以側臥方式，擠滿了六條大漢。山上燈光不到，五時飯畢，就得上床苦擠，漫漫長夜，輾轉為難。

環境儘管是如此的惡劣，仍然有些福將，總是能夠隨遇而安的。未幾，即聽見他們的鼾聲共囈語大作，咬牙與切齒齊鳴，抑揚頓挫，此起彼落，彷彿潯陽江頭琵琶聲，嘈嘈切切錯雜彈，大珠小珠落滿床。懊惱由你懊惱，好夢他自爲之。

幾度睡去又醒來，夜光手錶的時針，卻似乎有意作對似的，八時，九時，十時，寸陰難挨，惡宵苦長。曚曨中，終於有人起來走動了，再看手錶，謝謝天，已經凌晨二時，總算挨到起床的時候，半僵硬的身軀，好不容易撥開人群，藉著手電筒的餘光，匆匆著裝完畢。到室外吸一口透體沁涼的冷空氣，一夜無眠的倦意，褪去大半。看烏黑的天空上，群星燦爛，頓覺逸興遄飛。想這晶亮星光，又豈是台北灰濛濛的天空所得而見？

峰頂看日出

用畢嚮導們爲我們準備的早餐，諸事料理停當，幾聲吆喝，各員就位，時間剛好凌晨三時半。在領隊的率領下，隊伍一字排開，緩緩上路。今天的行程是由排雲山莊直攻玉山主峰峰頂，再由峰頂經東峰下八通關到東埔，乘遊覽車北返。

玉山主峰，標高三千九百九十七公尺，不僅爲本省最高峰，也是亞東第一高峰。據清初郁永河所著蕃境補遺上記載：「玉山在萬山中，其山獨高，無遠不見，巉巖峭削，白色如銀，遠望如太白積雪，四面攢峰環繞，可望而不可即。皆言此山渾然如玉，無晴霽，於郡城望之不啻天上白雲也。」據說就是因爲冬季積雪如玉，所以有玉山之名。

由山莊上主峰頂，距離二公里，標高差距，則達四百多公尺，坡度之陡峭，可以想見。昨午抵山莊，仰望峰頂，景色幽絕，景物依稀，如立雲端，就是陡峭的坡度，令人望而怯步。或許就是基於眼不見爲安的心理，領隊特別安排在凌晨摸黑攀登。叮嚀各位，拿穩電筒，注視前人足跡，一步一步，踏踏實實地跟上去。

但見闃黑的山巔，一排蛇行的隊伍，閃閃燈光，蜿蜒而上，煞是壯觀。有人笑比爲朝聖的隊伍，而步履之沈重，心情之肅穆，確實也像煞朝山懺悔的信徒。

繁星在天，四野岑寂，之字型的上坡路，偶有幾處崩崖，陡坡，小心翼翼通過，攀登漸感吃力，稍一鬆懈，相差一步，就看不到前人形影。

此時，才更領悟到人的渺小，不時地吆喝幾聲，膽怯也欣慰地感知自己還在人類的世界。已經沒有出發時的壯志，也失去一覽衆山小的豪情，但求能安然登抵峰頂，早早重返人間，就已經心滿意足了。

時間緩緩流逝過去，天色微明，不必電筒也能看清週遭的一切。頂端已有呼叫聲，峰頂在望，賈足餘勇，終於登上了標高三千九百九十七公尺的玉山主峰。攝氏零下低溫與迎面撲來的冷風，頓令精神爲之抖擻。

頂峰在民國五十五年增建了一座三公尺高的于右老銅像，使得玉山也長高變成了四千公尺整。我們先向銅像敬過禮，拍過照後，便以興奮的心情，等待著觀賞玉山日出奇景。雖然腳踏四千公尺的高山頂，仍然不自覺的踮著腳站在那裡，目不轉睛的凝視著前面玉山東峰那邊。等著，等著，一會兒，淺紅色的圓球露出一邊，遲疑著，盤旋著……

少吐復呑，拖泥帶水，眞是不乾不脆。但說時遲，那時快，突然，就那麼一瞬，它終於一躍而上。萬丈金光，在大伙的歡呼下，遍撒人間。終於結結實實地看了一場玉山日出實景，大家都覺得鬆了一口氣，也深感此行之不虛。

歸程路迢遙

然而激情過後，便得面對冷酷的現實問題。接下來，一段遙遠的歸鄉路，尙待我們一步一步去克服哩！

巍巍玉山此登臨，這一趟的主菜算是嚐過了。但居高臨下，由此下返平地，一直要走到卅公里外的東埔才有車子；從四千公尺高峰到一千一百公尺的山谷，據說全程都是急下坡，這道壓軸的甜湯，工程艱鉅與浩大，比起能高越嶺最後一天廿八公里的急行軍，看來是有過之而無不及了。

好在上山，氣息入不敷出，舉步維艱的蟲兒們，下得山來，突然變得精神抖擻，蟲兒化龍，健步如飛。在他們的感染下，大伙的步伐也都顯得輕快俐落。尤其爲首的嚮導，簡直是由上而下，一路急衝到底。九時不到，已經下臨海拔三千公尺左右的八通關草原，廣大的茫茫草原由於顯不出山勢的突出，反而有幾分淒美。四週的山坡上殘存著一些被火燒過的二葉松，要不是深山不便行旅，這裡倒是滑草運動的好地方。

領隊先行抵達附近的避難小屋，燒了幾大鍋熱牛奶，免費招待隊友，隨意取飲，於是乎，一杯下肚，饑渴頓解，對於領隊與嚮導們善解人意暨設想週到，彌覺溫馨與佩慰。

稍事休憩，再度揹起行囊，由此經觀高入東埔，還有二十公里多的山路，至少仍得五個小時，才能抵達。領隊告以此去再無添水加油處，就連午餐也得自理了，希望大家好好保重並祝一路順風。

提起腳步，向前輕快的踏過去。趕呀趕的，不停地，不懈地，深怕耽誤了路程，或者迷了路，心裡只有一個念頭：趕快走完這段路，趕抵東埔就天下太平了。

儘管口很渴，卻不想在路旁停下來，肚子餓了，也無食意。前面彷彿是一條走不完的路，崎嶇，陡峭，又有坍方，崩崖，旁臨深谷，帶著與奮與憂慮的心情，直往前走。沿途的景色，似曾相識也頗陌生，但卻是非常綺麗的。然而，一切都在匆匆的步伐中一瞥而逝：清泉，岩石，竹林，小橋，棧道，可望亦有可即的時候，卻沒有停留暫駐的心情。偶而卻顧所來徑，但見玉山主峰，時而在左，忽焉在右，就是走不出它的範疇。眞的是「朝朝暮暮，玉山如故」。但說眞的，我們這般急急如逃命，歸心似去箭，那還有閒情欣賞這些。

急急忙忙地繼續向前趲行：觀高過去，八通關古道森森，父子斷崖，險象環生；雲龍瀑布，匹練垂天，東埔已經在望。回顧玉山主峰，也已經掩沒在雲天深處。下望疇野，房舍、田疇依稀可辨，東埔眞的到了。

人事室的莊科長清隆兄與我，在最後的餘程裡，拚卻老命一條，不自量力的緊跟著青壯嚮導林信陽兄的腳步，連滾帶摔的一路跌到東埔。幸老天垂佑，廉頗猶可爲，僥倖拔到了頭籌，第一批抵達。時間是午後一時半，較預定三時抵此的時間，足足快了一個半小時。掙來第一，雖然沒有跌得臉青鼻腫，但上氣不接下氣，狼狽之狀卻也夠瞧的了。有道是「看似平凡最奇崛，成如容易卻艱辛」，洵屬不誣。

全部隊伍於午後四時前陸續到齊。泡過溫泉，大家都有一種解脫的快感。一場就地舉辦的慶功宴，適時地補充了各人體力。酒過三巡，又有幾位哥兒們，在那裡活蹦亂跳，精神十足，眞眞服了他。

五時半登上遊覽車，拖著一身疲疼，於十一時左右返抵北市。再見家園，彷若隔世，說不出的酸甜苦辣，齊湧心頭。又完成一次攀登百岳的壯舉，感奮之餘，仍然不禁要對於籌劃此行的領隊戴文芳兄以及勞苦功高的嚮導安維有，林信陽、李明峰、羅盛鍔、李秀珠等幾位老哥、老姊，致以十二萬分的謝意。想到三千五百公尺高的排雲山莊上，色、香、味俱全的早、晚兩餐以及這一路上的護前守後，沒有他們幾位，後果當不可堪設想。眞的要再三感謝他們。年來跟隨他們，幾度登高涉遠，行前行後，雖頗以山路崎嶇，旅途困頓爲苦，但想到登一座高山，便可以遠離匆促忙亂的塵囂，接納藍天、綠樹與青草，觸目所及，綠意叢生，是那樣的單純，平和，毫無心機，精神上的喜樂，足以彌補肉體的痛苦而有餘，跋涉，困頓也就不以爲苦了。

怕登山，又盼登山，看似矛盾，實有深意在！

中信通訊一五九期七七、一、一

甘苦共嘗雪山行

又見山友

自去年十月間攀登玉山歸來，一幌眼，半個年頭過去。半年來，那一群散處各地因山結緣的朋友，雖然音訊不斷，徒以公私栗鹿、覿面為難。一方是難忘水湄山涯之間大伙無拘的歡笑，他方則以往日歷劫歸來的艱辛景象，率為流水光陰沖刷殆盡，對於山的懷念，油然而生。過年前後，就已經陸續不斷的有人登門敦請戴兼科長文芳兄，這位百岳英雄，再度出山，為大伙籌辦另一次的高山壯行。

是盛情難卻，也是高山情濃，壯志如山、誠懇豪放的文芳兄，這一次果然又沒讓人失望，如期推出他的壓箱之作——攀登雪山之行。

由於報名者衆，為免遺珠之憾，這一番仍援上次玉山之例，分別在三月廿五至廿七日暨四月八至十日共辦理兩個梯隊，每隊以一部遊覽車的容量四十五人左右為原則。

我們這一批以人事室的陳副主任寶明兄、莊兼科長清隆、祁小姐順年、貿易處的鄭兼科長文全還有房產科的賴兼科長慶鴻兄等人為首的老友記，都不約而同的報名參加第一梯隊。行前也有過幾次腳程訓練，臨行仍難免一份怕怕的心情。畢竟歲月不饒人，一回攀登一回老。負重登高，不但要有體力，還得比耐力，不是可以隨便逞強賣乖的。所幸，老友相聚，此去有三天安危相仗，甘苦共嘗的日子，重溫往日的歡笑，享受眼前的暢敘，且把來朝的挑戰，暫時拋卻一邊去。

遊覽車於三月廿五（星期六）下班時，準時佇候於總局大門前。半個小時內，隊友們分別從各個角落鑽出來：男的、女的、老的、少的，身上的登山裝、背後的登山袋、五顏六色，一時頗蔚爲奇觀，引來了不少路人的側目以及陸續下班同仁的關注。

除領隊文芳兄外，嚮導安維有先生以及信託處的李明峰、林信陽，外匯處的林慈邦、秘書處的羅盛鍔兄等六位高山嚮導老班底，既有前鋒快腳，也有後衛掃把，十足鋼鐵陣容。這樣的一份名單，著實讓我們心情篤定不少，因爲料理山巔早、晚伙食、照顧體弱隊友，有他們在，萬事ＯＫ，而我們自然也免去了許多後顧之憂。老字號招牌，這一次更招徠不少新面孔：有一位國語說得刮刮叫的老外、還有人事室祁小姐任師大教授的夫君何先生，以及前壽險處女科長爲美商公司高薪聘任經理的吳以智，暨她的另一半當建築師的許先生等，也來共襄盛舉，眞可以說得上是群賢畢至，少長咸集哩！

車子開上高速公路，夜幕已經四合。大伙歡笑間，車上麥克風嘟嘟響起：是領隊與掃把分別向大家致意，除說明行程細節外，也特別提示登山要領。儘管是例行公事，仍然引來幾陣會心與感激的熱烈掌聲。

按照行程表，我們此行第一天，台北動身夜宿東勢，第二天乘車直入武陵農場登山口，步行登山，夜宿三六九山莊。第三天叩雪山主峰後循原路下抵登山口，乘原車北返。看似輕描淡寫的行程，設非經過不知難。基於「好東西要與好朋友分享」的道理，謹將此行甘苦，拉雜道來。雪泥鴻爪，亦以供同行山友回味、聊博同好一粲！

東勢重蒞

今夜高速公路，車行順暢，九時左右即安抵東勢，住宿在車站前的東來旅社。猶記年前，「攀登百岳第一峰」的中雪山，也曾住宿於此。似曾相識燕歸來，別來無恙，親切依然。

東勢山城，爲中部東西橫貫公路出入必經之處，毗鄰山區，也是一般登山客出發前充電的好地方。幾度經臨，都是夜半到來，凌晨離去，來去匆匆，頗以未能一窺她的全貌爲憾。但此處山產豐盛，價格公道，對於台北來的豪客，拚死吃山產，到她的夜攤上大快朵頤一番，則是莫大的享受。想到明朝入深山，壯士一去，必然的是來日苦多，難得今夜方便，不圖他個酒醉飯飽，還眞是心有未甘哩。而重過東勢，猶有酒酣耳熱之興，也才算不虛此行了。

就寢前的一陣急雨飄降，使得大伙叫苦不迭。但包括筆者在內的幾位老兄弟，則是一旁暗地稱幸，但願小雨不停地下，則明日我們便有不入深山的藉口，什麼雪山，不去也罷。玉山登臨的窘狀，漸回腦際，臨陣畏怯，逃念頓生。又聽說這個雪山，難度還在玉山之上，這幾把老骨頭，還眞恐不勝負荷哩！

也還是凌晨三時起床，未及早餐，就匆匆跳上原車，往深山趕去。果然天色已晴，大地一片闃寂，山路迂迴，不多久，便已置身森森林木間。黑暗中谷關過去，德基水庫在望，晨曦微露，山容漸顯。六時半，抵達距離東勢八十二公里處的梨山。下車在預先訂妥的飯館早餐。草草打點後，還來不及欣賞這裡的「痴情花」，就催著上車，再往武陵農場方向疾駛而去。

途經環山，一股撲鼻而來的農藥味，猛然令人想起此處就是泰雅族山胞聚落之區，中視九十分鐘節目曾連續報導過農藥污染環境造成多人病亡的慘劇，歷歷在目，如今親臨其境，想見其情，不禁惻然久之。

又經八公里，武陵農場赫然入目。風景不殊，而多年前同遊知交，半已如飄蓬散落異邦，舊地重過，物是人非，眞箇是情何以堪。思緒跌落在往事的回憶裡，車子卻也沒停下來的意思，繼續東入四公里，才在一處名叫善莊的雪山登山口下車。

武陵起步

整裝就緒，分得便當一個，隊伍便一字排開：在先鋒安嚮導的引領下，依序邁開腳步，往七卡山莊前進。時間剛好八時半，已較預定行程晚了一個小時左右。

按照行程，此去先經七卡山莊，再攀之字陡坡上雪山東峰，抵三六九山莊夜宿。登山口附近，海拔約在一千七百公尺左右，幾位山胞男女正忙著在菓菜園大噴其農藥。空氣中有股令人窒息的氣味，邁開腳步，爲的是趕緊脫離藥效範圍。沿著園邊小徑深入，成群的蒼蠅，緊緊環繞左右，揮之不去。

這種群蠅亂舞的景象，陪伴著迎面而來的石塊陡坡，大約要經過一個小時左右，算算標高，恐怕已在二千公尺之上了，群么纔算漸漸歛迹，可以專心攀登了。而坡度則一緩二陡，漸入困境。隊伍早已拉開，我們也自然的落後了許多。抱著「遠路不須愁日暮」的心情，這一番，我們是有備而來，存心不敢與人爭先;賞心樂事雪山行，一路上好整以暇，悠哉遊哉。起初，倒也頗爲自得，豈奈山路崎嶇，攀爬漸感吃力，幾處陡坡，更非手腳並用莫辦，再也由不得你去踱方步了。樂事賞心只有別家院，良辰美景徒嘆奈何天！

走走停停，氣息漸粗，一旁林木，儘多奇秀。初尚有拍照留念的興致，繼思落後太多，趕路尚且不遑，時間上恐不容許我們如此蹉跎，只好改方步爲慢步，一步步迎上去，以龜兔賽跑中落後而不敢鬆懈的慢龜精神，去迎接挑戰了。

天氣大佳，陽光炙人，沿途沒有巨樹遮蔭的草坡佔去大半，這一段登山陡徑，在起步半個多小時後，就把大伙身上的汗珠一一逼出。更妙的是幾位胖哥，把身上的厚衣一件件剝下，還沒到七卡山莊，就有人只披著一襲外衣，露出渾圓的肚皮，活像電宰場裡殺豬的屠夫哩！

這樣賣力的演出兩個半小時，我們這落後的一批，在上午十一時攀抵七卡山莊。卸下背包，鬆一口大氣，久久吐不出一句話來。

七卡到三六九

七卡山莊，其實只不過是兩棟木造屋舍而已。據說係林務局專為攀登雪山山友住宿休憩之便而蓋的。儘管設備簡陋，但足以蔽風雨，免於餐風露宿，對於跋涉為勞的山友來說，已經算是一種豪華的享受了。七卡之名，據登山雜誌刊稱，係以此地距登山口剛好七公里（km），故名。標高二千四百六十八公尺，較登山口剛好高出七百餘公尺。七公里的距離，七百公尺的高度，足足費了我們兩個半小時才完成。我們固然稱不得快，而山路攀登之難度確實也不是蓋的。

休息了一陣，祭罷五臟神，由於隊伍多已開拔，殿後的老弱亦一一趕至，想多賴也不成，只好急急再往前趕了。

再度踏上征程，由七卡上登今日終點的三六九山莊，距離聽說也在七公里左右，上昇的高度也與前段彷彿。首先是一段之字型陡坡，雖然吃力，好在每段陡坡，捷徑之外，尚有緩坡分出，多繞一段路，由緩坡而上，殊途同歸，慢是慢了些，卻也不那麼費勁。幾次偷巧，抄捷徑、攀陡坡，快是快了些，但這一快卻差點出紕漏：由於重裝攀登，幾個回合下來，氣息急喘、心口猛跳、頭暈目眩，幾乎就地癱瘓。這一驚，非同小可，心想，爬這樣的高山，假的眞不了，不行硬是不行，千萬逞強不得。招呼幾位老兄弟，還是守分爲妙，此後便不敢再稍有大意。

然而，好戲其實還在後頭。約莫走過兩個鐘頭的之字陡坡之後，原以爲正如那位老外仁兄所說的「We are Almost There」（就快到了），誰想抬頭一望，這山過去還有那山，而且一山更比一山高，迎面而來的這一段，據說叫什麼「哭坡」的，是攀登雪山途中最艱苦的一段。六、七十度峭立陡坡，一段接一段，眞的是仰之彌高、鑽之彌堅，柳暗花明盡在山窮水複間。艱苦的掙扎了個把小時，征服過這一段後，已半呈虛脫狀態。山上的指標顯示著，到雪山東峰還得一公里。再也不去想究有多遠，只有攀一步是一步了。

從七卡出發，經過四個小時左右，也就是午後四時許，我們幾位老爺兵才慢慢爬上海拔三一九九公尺的雪山東峰，也是名列百岳的名山之一。爲了證明確實到此一遊，自然免不了攝影一番，立此存照。

雪山東峰，山勢和緩，起伏量很小，在東峰頂仰望四周，眞的是美得無法形容。但此時此地，征程未了，到三六九山莊還有三公里路程，山上暮色來得快，午後氣候變化大，心急趕路，那還有閒情逗留，正是美景非良辰，徒嘆奈何天！

又是要命的三公里，所幸東峰過去，到三六九之途，下坡反比上坡多，累還是累，但比起哭坡那一段，我們已經可以笑了。

五時左右，我們眞的是含笑到達三六九山莊，笑我們終於征服了大半個雪山，也笑我們這一路的狼狽相，蹎蹃者屢，眞眞是何苦來哉？

三六九山莊，標高只有三千一百公尺，還比東峰低。也是兩棟木造房舍，無人管理，也沒有水源，較之七卡山莊，簡陋何只倍屣。然而此處算是最接近雪山主峰的加油站，舍此別無棲處，再簡陋也只有將就一夜了。

領受過嚮導們辛苦準備的晚餐，打開隨身攜帶的睡袋，我倦欲眠，高山之夜，又是新鮮、刺激兼而有之。

翌晨三時起床，全隊輕裝，摸黑直攻雪山主峰。據說主峰標高三八八四公尺，較玉山只低一一三公尺，在全台群山中，排名第二，故有台灣次高之稱。

老兄弟秘書處的賴兼科長慶鴻兄與筆者二人，凜於昨日征途困頓，廉頗老去，抑且攻頂玉山，已然有過一次難忘的經驗，對於再攻雪山主峰壯舉，幾經斟酌，終於還是決定讓賢。等大伙出發後，慶鴻兄以國家博士之尊，自動把山莊內外積數年未清之垃圾，一一清除。筆者感動之餘，也不得不勉力參與，合我二人之力，清理了個把小時，終於還山莊一個清淨面目。既係功德一樁，也算我二人未能隨隊登頂，將功補罪吧！

歸程喜相逢

八時半後，攻頂的健腳，陸續歸來，稍事打點，再度揹起行囊，循原路下山。

大凡爬山朋友，都會有「上山一條蟲，下山一條龍」的體驗。想這一趟雪山之行，攻頂不算，上山整整花了七、八個小時，下山雖限於地形，無法如飛而下，畢竟已無上坡之勞累，大概只需四、五個小時，應可抵達登山口。預定午後一時半，全部到齊的，卻左等右等硬是湊不齊。我們已先步行到武陵農場恭候多時，直盼到三時半，遊覽車才從原地開出，細問之下，原來有一段小插曲：師大的何教授攻頂不慎，扭傷了腳踝，雖然先一步下山，據說一跛一拐的到七卡山莊附近，即因傷重而寸步難行，經由領隊文芳兄馱負一段後，先鋒嚮導李明峰代為雇請的三位山胞迎上去，接駁背負而下，好一陣折騰，總幸處理得宜，有驚無險。是耽誤了點時間，但想到他閣下負傷掙扎於陡峭山徑的勇氣與毅力，我們這些先行下山的卻也不禁因未能善盡照應之責而暗呼慚愧哩！

全隊安然踏上歸程，滿天烏雲過去，既為崎嶇陡徑悚然而懼，也為平安歸來忻然而喜。技術精良的遊覽車司機與我們一般，歸心似箭。但見他輕車熟路、穩當快行，三個小時後，我們就已到達礁溪，登上事先訂妥的帝王大飯店八樓，坐享一頓豐富而熱鬧的慶功宴。

礁溪才下得車來，就聽說帝王大飯店八樓上，我們局裡藝文社舉辦的武陵農場郊遊人馬，已經捷足先登，在那裡杯盤狼藉了。礁溪喜相逢、帝王大會師，這一番眞箇是喜出望外、樂在其中哩！

武陵人馬由藝文社社長李兼科長增邦兄帶隊，壽險處的王經理伉儷、秘書處的莊處長、曲顧問暨唐副處長伉儷均躬與其盛，濟濟一堂，聲勢浩大。王經理伉儷以結婚二十八週年紀念，更成爲大家祝福的對象。我們這一群山上下來的，剛好趕上這一場熱鬧，緣份的是非淺。李科長他們行程所限，致意先行離去，並以雪山英雄向我們祝賀。乍聽之下，心有餘愧，別人不說，在下我此番雪山之行，英雄沒當成，險些成了狗熊。好在爬山重要的不在目的地，而在過程，登頂不成，山還是爬過來了。

送他們離去，我們才開始大嚼大嚥起來。感謝賴博士特地從武陵農場購贈的佳釀「蘋果露」，以及信託處的陳襄理隆雄從他的家鄉宜蘭，專程取來自產新鮮可口的生魚片暨老酒數瓶。阿隆兄此番以菜鳥姿態，初爬高山，竟然一口氣完成了雪山東峰、主峰兩座百岳名山，心爽之餘，喝起酒來，更是虎虎生威，看在我們這些老鳥眼中，眞是自嘆弗如！

酒足飯飽，打道回府。歸途中，想起義大利的登山家梅斯納說過的一句話：「上山時自己的卑小，使我下山時，總會記得以謙虛來對待世界」。願藉這句話與我登山老友暨未登山同好共勉，也讓我們共同期待下一次的再相聚。

中信通訊一六一期七七、五、一

岳友欣有社，千山結伴行

——中信山岳社成立大會活動瑣記

一

中信山岳社，幾經週折，總算在日前經本局職工福利委員會同意成立。對於喜歡攀登高山的岳友們來說，這眞是一個好消息。

成立這個社的構想，乃孕育於數月前，在百岳名家儲運處的戴兼科長文芳兄所率領的攀登雪山途中，有感於歷來攀登高山，辦理入山證時，因未具正式社團名份，遭致重重阻難，殊覺困擾，爲一勞永逸之計，遂有成立岳社之議。在他們幾位具有高山嚮導資格的同仁登高一呼之下，我們這些多次跟隨攀岳的伙伴，立即就地響應，當仁不讓的加入衆多發起人的行列。

如今獲悉岳社奉准成立，大伙奔相走告，共慶今後有一個屬於自己的正式社團，師出有名，登起山來，將更便捷而有勁矣！

二

岳社是在本年五月間即獲准成立，惟囿於會計年度關係，所有經費、預算等等，要從七月一日起才生效，各項活動也得等七月份再行開展。但，一些熱心的岳友，早已按捺不住一顆跳動的心，一再催促始「作俑」的文芳兄，趕緊展開活動。身兼本局游泳隊長的文芳兄，卻不過岳友同仁的熱情，情商也是資深岳友的人事室莊秉科長清隆兄，接下游泳隊的棒子後，便專心籌劃山岳社的成立事宜。翻了幾次黃曆，經過仔細挑選，好不容易選定了六月十九日這個黃道吉日，以登郊山的方式，舉行山岳社成立大會。生面別開，也算不負山岳社之名了。

三

選定的日子，剛好是端午佳節的翌朝，連續假期的後段，人們要不已作旅遊之計，便多半是南下之返鄉遊子，能撥冗前來躬與盛會的，恐怕要大打折扣哩！更何況自端午節前夕，每天例行的午後陣雨，也讓人擔心驟雨會掃人興。

誰想當晨八時卅分不到，約定會齊的故宮博物院大門側方，便已陸陸續續擁聚了不少熟面孔；除了高山常客，更多的是攜眷赴會闔第光臨，尤其難得的是身兼職工福利委會主任委員的曲顧問，更是一早就輕裝便鞋，佇候於隊伍間，高大俊挺的個子，鶴立其中，份外顯眼。他的光臨，給大伙增添了一份喜氣，也爲岳社帶來一份榮耀。

八時四十分，較預定會齊時間超過十分鐘，人員已經聚集不少，帶隊的文芳兄哨音一吹，請大家在博物院前台階上先行拍照後，簡單說明行程，便依次邁開腳步，往目的地——海拔約三百公尺高的內湖忠勇山——出發。

四

炎陽高照，天氣悶熱難當。好在由外雙溪出發後，山徑沿台階而上，兩旁樹木掩映，「台痕上階綠、草色入簾青」氣象一新。沿著綠蔭，緩步攀登，不時有陣陣涼風襲來，令人爲之心曠神怡。

內湖忠勇山，據說是一條熱門的郊山健行路，三百二十公尺高的海拔，依行家步法，一個小時左右，即可走畢全程。但今天，我們只是小試身手，隨意行止，尤其自完成玉山攻頂以後，更有一種「登玉山而小忠勇」的氣概，心理上先就輕鬆許多。沿途擇處小憩，欣賞山間風光，等全體上抵目的地，總共耗了兩個半小時左右。

大會籌備人員，準備了幾箱汽水，凡登上山來，便奉贈一瓶，以資鼓勵，雖屬秀才人情，而無米之炊，也眞難爲了他們。

五

十一時半，在「金掃把」羅盛鍔兄客串司儀的吆喝下，一場別開生面的成立大會，簡單而隆重的揭開了序幕。臨時主席戴文芳兄簡短致詞後，便是大會重頭戲：選舉社長暨各組工作幹部。

文芳兄是衆議咸同，一致推舉的社長當然人選，他老兄推無可推，只得慨然接下這份重擔。至副社長以下各項人選，並經推選產生，名單如下：

顧問：馮達。

副社長：李明峰、羅盛鍔。

總幹事：林信陽。

副總幹事：廖錦雲、李秀珠。

文書組長：林炳約。

副組長：林慈邦。

財務組長：李明峰（兼）。

副組長：廖桃源。

企劃組長：黃壽博。

嚮導組長：林信陽（兼）。

資料組長：曾國隆。

器材組長：羅盛鍔（兼）。

以上各位，起碼都完成五十岳以上高山嚮導級人物，陣容之堅強，就連蒞會祝賀的山岳協會代表都大表贊嘆。幾年來，有過跟隨他們登高涉遠經驗的同仁，大家更心裡有數，如此陣容，眞的是不作第二人想。

六

大會在社長宣佈禮聘房產科的賴兼科長慶鴻兄爲榮譽社長時，掀起另一股高潮。慶鴻兄初尚謙辭再三，嗣經不起與會人員的一陣熱烈掌聲而欣然就命。對於這樣的建制與人選，不啻是大會的神來之筆，大伙均有甚獲我心之感。按慶鴻兄挾其國家博士、高考暨甲等特考，兩第狀元的輝煌出身不說，單就幾近九十公斤的國家級體重噸位，竟已先後完成攀登玉山、雪山紀錄，打破向來博士多是弱不禁風的錯覺，重塑學人除頭腦不簡單外，四肢亦可發達之形象。何況年來幾次登高涉遠，他老兄的慷慨好客「樂善好施」，口啤早已甚著，如今榮膺景命，爾後，山岳社諸君子，嶺上山間，再也不必賦長鋏歸來之歌了。

七

職工福利委員會曲兼主任委員的講評，是大會的壓軸作。山岳社的成立，得力曲主任委員開明的觀念與作風不少；而他的一席話，揭櫫其樂見本局社團的蓬勃發展與多彩多姿，開闊的胸襟與高瞻遠矚，果然不愧掌舵氣魄。更難得的是婉卻了友人南部之旅的邀遊，也放棄了大好假期，專程蒞臨，共襄盛舉，冒暑揮汗，不落人後，正如他所說的捨易就難，這一份高情，算是送給山岳社的最佳獻禮，也是岳社諸君所最引爲榮幸與感激的。

八

會後，在碧山巖餐廳舉行的聚餐，雖係按人頭收費，仍然遏止不了大伙參與的盛情。席開五桌，還有不少向隅食客。廟裡餐廳，措手不及，臨時無法增開席數，只得就原開席位，硬擠猛塞，勉強湊和，好在人多更顯得熱鬧有趣。但見杯觥交錯，酒酣耳熱之際，渾然忘我，竟不知此處是何處了。

碧山巖爲道教廟宇，沒有葷戒。原先幾位酒仙一路打聽，總以爲廟裡午餐，篤定的是吃素不吃葷，必與酒肉無緣。誰想，屆時一道道出來竟都是香噴噴的大魚大肉，而啤酒更是供應不絕，憑君豪飲不禁。有道是「酒肉穿腸過，佛祖心中留」，大概就是這般景象吧。三百元的餐費，這些酒仙，光啤酒就喝回老本，難怪他們要大呼過癮不止哩！

九

中信山岳社算是正式而圓滿的成立了。寄語主事諸君子。爾後，師出有名，結伴行千山，帶動本局自強活動的風氣，責無旁貸。而曲兼主任委員語重心長的諄諄之言「蓬勃發展、多彩多姿」亦得以促其實現。也盼望本局同仁，今後多多留意山岳社的訊息，在他們幾位主事同仁的引領下，偶而也偷閒結伴走向山間，邁向野外，投歸大自然的懷抱，享受那「行到水窮處，坐看雲起時」豪放的山水野趣！

中信通訊一六三期七七、九、一

笑聲滿碧山

一

經過連續多日的陰雨後，陽光再度露出她溫馨的笑靨。秋水望穿，翹盼今朝——雙十前夕的週日，這難得放晴的假日，對於案牘終日的中信人，實在具有不凡的意義。

爲慶祝五十三週年局慶，這一次，職工福利委員會秉承局長指示，卯足了全勁，除於十月三日由藝文社負責，利用動員月會時間演出一場員工聯誼晚會外，又請由藝文社、健行隊暨山岳社三個社團聯合舉辦一次大規模的自強活動。仔細籌劃後，選定了內湖的碧山野營地爲健行活動的地點。而今天，正是大伙熱切期待的吉日良辰。飛揚的日子，隨著活動的展開，必將顯得更爲璀燦亮麗，中信人的笑聲，也爲光輝的十月，憑添一份洋洋喜氣。

二

一大早，四面八方的人潮，就不斷湧向內湖金龍寺的公車站。紅男綠女、老弱少壯，一陣陣、一批批，絡繹於途，把個一向安靜、鮮爲人知的小地方，點綴得蓬勃熱鬧起來。站牌附近，幾位穿著紅色上衣的先生、小姐，一塊書法秀麗的紅布橫額，親切週詳告訴湧聚的人群，健行的路線與方向。仔細打聽，原來那些似曾相識的面孔，都是本局山岳社或健行隊的主要幹部，據說都是攀登過五十座以上三千尺高山、具有高山嚮導資格的同仁，今天勞他們的駕爲大家服務，實在是最佳人選。不過，以高山嚮導來帶領我們走向海拔三百公尺左右的碧山野營地，未免大才小用。好在他們一日的委屈，帶給同仁莫大的方便與安全，人生以服務爲目的，這應該是最好的詮釋了。

三

在報名站簽名報到，領取摸彩券及贈品兌換券後，塡妥單位名稱，小心翼翼的放進口袋。雖然健行不爲摸彩，但想到今天活動的意義以及主辦的苦心善意，我們的愼重其事，不也正表示由衷的尊重與敬意；何況，據說首獎是局長親頒的一枚實重一盎斯的奥運金幣，價値不貲，確實也極吸引人。妥愼保管彩券，一絲希望尙存，否則，萬一不愼遺失，則連半點機會併無，豈不比　國父所說的那位中了彩券卻遺失扁擔的仁兄更冤。

四

今天集合的時間雖是上午八時至九時間。而當我們於八時四十分左右抵達報到處時，已見萬頭鑽動，場面熱烈，擁擠熱鬧的盛況，簡直不輸於西門鬧區。

好不容易，衝出重圍，踏上往碧山野營地的路徑，但見寬敞的柏油路面，繞著山丘緩緩而上。陽光乍隱乍現，空氣中透著一股清新的涼意，確確實實領會到秋高氣爽的舒暢。山間蒼翠的林木、路旁嫩綠的小草，賞心悅目，令人心曠神怡。

靜下心來，仔細瞧瞧，這才發現前後左右，半屬熟人。一聲歡呼，幾句哼哈，原本熟識的，固然更加熱絡起來，即或平日只有點頭之誼的，也都把距離拉近了不少。結伴同行、熱語聲喧，整個山區洋溢著罕有的歡笑聲。再看看週遭，更有那退休多年的前輩同仁，別來無恙，昔日風采，依然煥發；另有一些同仁，或扶老攜幼、闔第光臨；或呼朋引伴，相偕前來，眞的是群賢畢至，少長咸集。據估計出席人數，在一千以上，如此宏規，盛況堪稱空前！

五

轉過一處彎坡，突然一個熟悉的身影跳入眼簾：身穿山岳社幹部的紅制服、擁有國家級體重噸位的山岳社榮譽社長，同仁多尊稱博士而不名的房產科賴兼科長慶鴻兄，高擎「中央信託局」的旗幟，矯捷的步伐，與高山上坡時的「一條蟲」簡直判若兩人。也難怪，總共才六公里長，落差不過三百公尺左右的碧山野營地，比起三千公尺以上的高山來，簡直就是小巫嗎。

再仔細往前看，旗幟下方，幾位身材魁偉，步履輕健的，不說想必你也能猜個八九不離十吧。想我輩同仁、登山健行，夠資格讓岳社榮譽社長掌旗護駕的，捨局裡首屈一指的瓢舵把子還能有誰？秘書處的莊處長，唐副處長暨身兼職工福利委員會主任委員的曲顧問，隨駕伴行，不啻左右護法。這壯盛的陣容過處，不時的有掌聲響起，想必是對於機關首長發自內心的敬意與認同吧。上班的日子，辦公室嚴肅的氣氛，誰也不敢逾越分寸，但今天，碧山登高，你我同行，偷得浮生半日閒，悠遊山水間，只要不是放浪無狀，我們是應該開懷取樂的！

六

一路行來，說不盡的天南地北，看不完的宜人景色，不知不覺間，碧山野營地已經在望。六公里的路程，對於那些四體不勤的先生、小姐，也許不易消受，但在健行隊暨山岳社的健腳看來，實在還不夠做他們的熱身呢。主辦單位顧及參加人員體能限度，幾經斟酌，才挑上這條老弱咸宜的健行路線，他們週到的設想，是很令人稱道的。將彩券投入票箱；也憑兌獎券領到一條雅緻精美的毛巾，禮輕情重、溫馨滿懷，主辦者善體人意，善小而為，值得禮讚。

都還不到十一時，卻有陣陣香味傳來，四處尋覓，原來已有不少捷足先登的，在那裡起火烤肉了。聞香下馬，食指大動，且讓我們逐個搜獵去：信託處由陳襄理隆雄暨林科長文雄領軍的幾位弟兄，早已弄妥一大鍋熱湯，外帶可口的土司、肉片，親切招呼，來者不拒，他們的克難快餐，拔得頭籌，動作之俐落敏捷，不讓巾幗。調查研究處和稽核處的人馬，在營地入口不遠處，毗鄰而居，席地烤肉，女眷助陣，自然技高一籌。人事室在徐主任的督陣下，幾乎是闔室光臨，他們程專員夢桃的令慈，親手調製的一大盤鹵牛肉，風味別具，引人垂涎。禁不起誘惑也難卻他們的盛情，免不得也大快朵頤一番。小國寡民的儲運處，今天到場的並不在人事室之下，算是很捧場的了。也許一向斯文慣了，火也起得晚了些，當我們巡行抵達，他們還在積極努力。但見楊經理一身的高爾夫休閒裝，清涼有勁，一旁不住的加油打氣。據說烤肉悉由經理請客，雖然也算秀才人情，畢竟意思到了。其他的單位分散各個角落，肉香四溢，只以飽餐之腹，懶得走動。況且，麥克風不斷傳出摸彩聲，重頭戲開鑼，烤肉節目暫此打住，趕緊把注意力轉移到卡拉OK台上去。

七

摸彩助興，是今天活動的高潮。開獎前，局長的一席話，大伙都有實獲我心之感。他那開明風趣、平易近人的風範，博得同仁由衷的禮敬，也凝聚了更深更廣的親和力。

每一次名單報出，隨即響起一陣掌聲與歡呼，高潮不斷，人人有望。將近一百多個名字過去，壓軸的大獎，各方矚目的焦點，那枚珍貴奧運金幣，花落誰家，就要揭曉。個個屏息以待，人人都想奪標。先是抽出的名單，是一位中途退席的公保處同仁，因小失大，煮熟的鴨子平白飛掉。機會還諸大衆，再一次抽獎的結果，道地的幸運兒是調查研究處的林專員恆俊兄。剛纔烤肉攤上，殷勤奉客，這大概就是所謂的好人好報吧！

八

高潮過後，絢爛歸於平淡，得獎的滿載而歸，固然值得慶幸，而其餘的也並非全無所獲。畢竟一次難得的自強活動，鍛鍊體魄，悠遊山水之餘，老、中、青三代同仁，濟濟一堂，情感的交流、經驗的傳承，心手牽連、坦誠與共，另一種無形的收穫，相信必也不虛此行了。

頒完獎品，今天的活動也接近尾聲。一些心急的朋友，都已紛紛移動，準備離去。誠然，天下無不散的宴席，韶光不爲我們留，依依聲裡，各賦歸程。

下山途中，一陣急雨，躲避不及，幾乎成了落湯雞。與上午的風和日麗，成強烈對照。有道是「天有不測風雲」，寄語今日健行的朋友，我們是應該好自珍重哩！

中信通訊一六四期七七、十一、一

登大霸、攀奇峰

一、山岳社堂皇出師

中信山岳社，在千呼萬喚中成立後，舉辦了幾次郊山健行，迴響熱烈，好評不斷。爲進一步服務岳友同仁，更不辭艱辛，推出岳社成立後的首度高山之行。堂皇出師，目標指向新竹、苗栗轄區，號稱世紀奇峰的大霸尖山。

岳社成立後，知名度打開，岳友如滾雪球般，急劇增加。或許那甘苦備嘗的攀岳經驗，確具難以排拒的引力，大伙明知登山苦，卻又拋不開對山的依戀，何況因山結友，以友輔仁，千山結伴，相求同氣，情況自然愈演愈盛了。

而這一次，也是未映先轟動，通告都還沒貼出來，就宣告滿載。不得已，只得仍援前例，再辛苦各位嚮導同仁，勉爲其難，共辦理兩個梯隊，每隊各四十人左右。儘管如是，向隅者仍大有人在，遺珠之憾，只好下次請早了。

第一梯隊攀岳日期，排在九月十七、十八兩日。本以爲十七號週末，只請假半天即可，孰料由於中秋節彈性放假，十七號下午提前補班，我們這一群登山客也只好被迫多請了半天假。人算不如天算，非有意蹺班也。想各有關主管，本於倡導自強活動至意，當能鑑諒則個！

預定當晨六時半在總局大門口會齊上車，不料出發前夕的一場大雨及凌晨的斷續風雨，使得部份隊員，臨陣退卻，久候不獲，唯恐躭誤既定行程，等到七時左石，才不得不下令開車，姍姍啓程。

以往幾次高山行，都安排在下班後出發，連夜趕路，此番改變宿規，清早動身。看大伙精神抖擻，車行順暢，早起的鳥兒有蟲吃，果然不是蓋的。

二、五峰檢查哨的波折

遊覽車經新竹轉竹東入山區，九時半，抵達行程的首站——五峰檢查哨。

此處距竹東十六公里，再深入便是山林管制區，行人車馬，都得下來接受檢查。攀登高山，已有過幾次經驗，原以爲例行的檢查，總可以立即放行的。誰料值班的警察仁兄，一副年輕氣盛、趾高氣昂的樣子，對於未事先辦妥入山證的遊覽車司機，說什麼也不准通融。我們一時疏忽，未及注意司機的入山許可，理字上輸了幾分，因此，不斷的打躬作揖，說盡好話，但求網開一面，准予補辦手續，但他老兄拉著一張長臉，說什麼也白搭。堅守原則的精神，倒也可敬，只是拘泥而不知變通，守經而未能通權，固執的執法態度，跡近冥頑，胥吏僨事，不折不扣的一件典型的例子。斡旋無功，車子乖乖的開回竹東，到那裡補辦各項手續，大伙則留在原地等候。好在檢查哨附近有幾家雜貨部，大伙枯候無俚，一湧而上，吃的、喝的，任君享受，時間倒也不算難挨。

一番折騰後，遊覽車再回來，已十一時許。終獲頑石點頭，開關放行。大伙一聲歡呼，都有如釋重負之感。心情放鬆，眼前境界亦自不同。但見翠谷青山，迎面而來，一片綠意，彷彿重睹故人，倍覺親切。檢查哨的小小波折，比起寬容無私的綠色大地，又算得了什麼？

耽擱了意外的兩個多小時，再出發後，司機心急趕路，也想風馳電掣一番，其奈山路崎嶇，車子沿著山徑奔馳，左彎右拐，連續轉彎的形勢較之北宜公路的九拐十八彎，有過之而無不及，車速自然放緩了許多。

行行重行行，午餐的便當都已解決，而前路仍遙。車上小寐，醒來猶自驅馳，孫悟空的筋斗雲都已經翻到三十三天界外了，我們的車子仍未能衝出群山的圍繞。百無聊賴中，突見前面一片迷茫，原來是抵達了行程中途站的觀霧。迷茫的霧景，正足以表現命名的特色。原以為觀過霧後，登山口當在不遠，誰想事與願違，據說離此尚有十六公里之遙。這個里程，以高速公路的車速，不過一眨眼間事耳，然而此段山徑，全屬林道，既未舖設柏油、也非碎石路面；林道荒蕪，泥濘崎嶇不說，凹凸不平，起伏尤甚，恐非短時可達。

儘管車子小心翼翼、步步為營，仍然時時陷入泥淖中，或為凸起的土塊所擦撞。為減輕載重負荷，只好不時的下車步行。然而在幾個轉彎的起伏中，車身底盤與後座方向燈，終於還是逃不過被撞毀的厄運。但見司機先生，眉頭緊縐，幾次都要打退堂鼓，令人心疼也焦慮。迫於情勢，我們只得一旁敲打邊鼓，一路陪盡小心，暗禱蒼天護佑之餘，也希望司機先生好人做到底，送佛送到西天，萬勿半途而廢。

就在衆人焦急盼待聲中，時輟時行的遊覽車，於四時左右，苦撐到達馬達拉溪登山口。短短的十六公里，共耗了將近兩個小時，這一仗的艱苦也就不言可喻了。

三、五星級的九九山莊

馬達拉溪登山口，海拔一、七五〇公尺，在山泉水清，豐沛而清澈的水流，令人悅目清心。惜所經多故，未允逗留，一瞥既罷，便匆匆整理行囊，調整呼吸，急急忙忙趕路。

頭頂上架著一座不短不長的吊橋，爲登山口憑添一份詩意。沿著登山口蜿蜒而上，一開始，就是略顯急激的乙型陡坡，似曾相識的上坡路，實在是體力和技巧的考驗。速度不能過急，否則，心頭吃不消，但山色近黃昏，也不允稍有蹉跎，不然昏暗山路，攀登將倍感吃力。

穿過密林，一直往上爬升，走在人工修築的路徑，對於種樹的前人，油然而生感恩心懷。高聳入雲的杉木林，濃蔭蔽天，斷斷續續所見每一棵較醒目的巨木旁，都豎著說明牌，對於巨木的種類、名稱、用途，都有簡要說明，用意至佳，惜山友如吾等，趕路第一，沿途匆匆，對於這些夠資格列入國寶級的巨杉種種，也就不甚了了，甚且是視而不見了。入寶山而空手回，不無憾焉！

森林區之上，還有落石區，必須急速通過，以防碎石滾落。通過落石區，又進入另一森林，一路濃蔭蔽道，實在是最佳森林浴場所。山徑大部份是粗石礫或石塊板，路面粗糙，卻顯得潔淨，處處設有指示牌，使人無迷路的恐懼。

午後六時半，先鋒的健腳，首先抵達聞名已久的「九九山莊」，等全隊到齊，則已七時又半了。

九九山莊，顧名思義，有登高望遠的意思。據說係救國團於民國五十九年九月九日勘察建立的。海拔二、六九九公尺，距登山口有三千七百公尺遠，落差則達一千公尺之深，爲大霸尖山行程風景線之第一站。這裡有可容納一、二百名山友的山莊，還有幾座蒙古式山屋。山莊無燈光，未設套房，但廚灶俱全，材火無缺。炊煮無虞，漱洗方便，床位寬敞，臥具舒適，如此豪華，簡直是自有攀岳以來所未曾有的享受。比起玉山頂下的排雲山莊與雪山的三六九山莊，這裡眞可算得上是五星級的高山賓館。

在先鋒嚮導安維有先生暨林信陽兄幾位的巧手烹調下，我們這些高山子民，再一度領受其他隊伍無法享受的豐盛晚餐。深山寂寂，消遣無處，飽餐過後，便一頭鑽入通舖，與周公打交道去也。

四、雄偉傲岸的大霸尖

仍然是凌晨二時起床，三時出發。儘管這一次增添了幾位新伙伴，但在衆多老山友的夾持下，大伙的紀律，嚴整有秩，哨聲響過，便無脫隊之人。

摸黑攻頂，有過幾次攀岳經驗，算是半個行家了。興致勃勃，了無怯意。夜半深山，風寒似刀，倒是滿天星斗璀璨綺麗，如此淒美，也算不枉九九山莊一夜了。

由山莊出發到大霸尖山，有七千五百公尺之遙，所幸落差只有七、八百公尺，距離拉長後，坡度自然緩和了些。但七千五百，相當於昨日登山口到九九山莊的兩倍長，昨日苦戰，耗時將近三個小時，看來，今天這一役，想必有得消受的吧！

山中氣候不穩，出發不到半個小時，滿天星斗，逐漸掩去，天外烏雲，層層圍上，四野岑寂，涼意陡增，置身其間，不禁有天地悠悠之感。緊接著陣陣寒風夾雜絲絲細雨，四面八方襲來，惡劣的天候使人萌生怯意。未幾，果然有幾位隊友，經不起風雨考驗，打了退堂鼓。但在隊長戴文芳兄的鼓舞打氣下，餘衆仍然咬牙撐持，賈勇前進。或許是天憫其誠，幾度細雨斜風，幾個之字型彎坡過後，烏雲漸去，一個多小時以後，雨霽風止，大伙都鬆了一口氣。熬過風雨，信心陡增，步伐加快，這一路上昇，雖漸覺吃力，也還算順暢。

上升又上升，五公里過去，曙光已現，晨光中我們到達了避難小屋。山容顯現，蒼翠欲滴，在此稍作憩息，便又邁開腳步，路標指示著只剩二公里多便可登抵大霸尖了。空氣清新，景色宜人，一步一步踏實的走著，微風輕拂，涼爽舒適。滿眼的翠綠，清爽極了，也愉快極了。

漸漸地，我們已走近大霸尖的範圍。隨著山上初生的朝陽，我們加緊了步伐，向著大霸尖山前進。走在層次分明的稜線上，仰首眺望氣象萬千的大霸尖山，內心充滿了莫名的感動，不自禁地吶喊著：大霸尖山，我們來了。

據山岳雜誌記載，大霸尖山，以其形狀頗似倒置的木桶，因此，從前新竹及苗栗山區的土著都管她叫酒桶山。如淡水廳誌上即稱大霸尖山為「熬酒桶山」。至於「世紀奇峰」的美譽，則因她山勢的陡峭險峻，使若干有心人屢次試登失敗，直到公元一九二七年才首度被登山界征服，因此而贊美她是「本世紀攀登成功的奇峰」。

大霸尖山，已經近在眼前，然而由霸頂底段往上仰望，仍有仰之彌高的感覺。欣賞夠了她的豐姿，我們在親炙她的風範之前，先得通過一段風口，風口是一條走廊，風往這兒吹，威力無窮，兩旁設有欄杆，這裡又是危險的落石地段，通過風口，才到大霸尖山下。由此攻頂，是筆直峭立的單行道，有八、九段角鋼焊接的鋼梯，接駁串連，一段僅容一人上下。大伙依序攀登，無不提心吊膽。斯時也，下面是黑黝黝的千丈深崖，上面是筆直峭立的石壁，稍一不慎，腳步踏空，便將魂消萬里，飲恨千古，眞的是大意不得。這樣等等爬爬，約莫半小時左右，才登上雄偉壯麗的大霸尖頂。

大霸尖山，海拔三、五〇五公尺，凌厲崢嶸的岩層尖峰，是造物者的傑作，也是上天特別賜給樂山岳友的禮物。到達尖頂，一路上的辛勞，轉瞬間消逝無踪。並不是征服山岳的喜悅，而是藉著登山過程中肯定了自己。沒有瘋狂的喜躍，只有親吻大山的溫馨，放眼遠眺，心胸是多麼的開朗。是什麼人說的「大霸不僅鍛鍊了我們的體魄和毅力，同時也告訴了我們傲岸的風骨，必須經歷風霜雨露的吹打，永恒的意義，在於無私的寬容」。旨哉斯言，我們算是沒有白來這一趟了。

五、安然歸來餘悸存

朝拜過大霸尖之後，滿懷興奮，卻也渾身疲累，西側近在咫尺的小霸尖山，雖在行程之內，卻再也乏力攀登了。

小霸尖山勢較小，狀如金字塔，海拔三、四四五公尺，也是名列百岳的大山之一。此番無力親炙，再攀登只好期諸他日了。向她行過注目禮，跟著先頭部隊，循原路匆匆下山。

來時一片闃黑，返身已見朝陽，四周景物，清晰可辨，大地充滿蓬勃朝氣。不再是上坡時一步三喘氣、三步一小停的辛苦掙扎，轉覺神輕氣爽，後勁十足。緊跟著先鋒健腳，我們第一批是準七時自尖頂下來，一路急奔未敢稍作停留，八時不到，已經下抵避難小屋。回首仰望，大、小霸尖，分列左右，傲然挺立於群山之間，氣勢磅礡，煞是壯觀。

過了避難小屋，歸途尚有伊澤、加利兩座山峰，都是海拔三千公尺以上，名列百岳的高山。領隊原先的計劃，是要利用這一趟，一口氣完成攀登四岳的紀錄，後恐大伙體力不堪負荷，又鑑於入山林道，路況險惡，大出意外，車子能否順利出山，尚在未定之天，還是趕緊下山，早作歸計爲要。因此，這些附的節目，遂未作硬性要求，攀登與否，端視各人情況，量力計時而爲。

我們是一路猛趕，九時半左右，便已返抵九九山莊。享用過嚮導爲大伙準備的薑湯與牛奶，稍事休憩，便又整治行裝，一路飛馳而下。十二時左右，居然較預計時間早了個把鐘頭返抵登山口。

深山一夜，遊覽車別來無恙，司機先生精神飽滿，令人心爲之寬。癡癡的等，隊友們陸續下來，互道平安，喜氣一片。只可惜殿後的一位小姐，因腳跟扭傷，不良於行，雖幸賴鐵牛般的嚮導林信陽兄的背負以及金掃把羅盛鍔兄的一路服侍，卒能安然歸來，畢竟已耽誤了不少時間，使得遊覽車遲至三時半才得以開出。

起身也晚，加上路遙境惡，縱使司機先生卯足全力，等衝出困境駛抵新竹時，已經是八時有多。萬家燈火夜色深，預訂的慶功宴酒菜已冷，大伙的歸心似箭，草草解決後立即匆匆上路。

又一次歷險歸來，想到車行林道間的險象環生，猶有餘悸；登尖過程的風雨掙扎，豪情頓消。然則有道是「不經一番寒徹骨，怎得梅花撲鼻香」，巍巍峻嶺，聳峙百岳，又豈是輕易所可得而上。既然甘爲愛山客，必需的艱苦磨鍊，便只好逆來順受了。

中信通訊一六五期七八、一一、一

合歡踏過雪無痕

一

中信山岳社在上年十二月初的冬季自強活動——玉山國家公園攬勝之後，爲應岳友同仁的旺盛企求，遂於本年度春季活動之前的空檔，特別推出應景的合歡山賞雪之旅。

由於創社後的幾次活動，都頗能引起同仁的共鳴，於是乎，每一次活動硬是兩部遊覽車，就似乎演成了一種不成文的慣例。照樣的是，通告都還未貼出，額子就已被部份消息靈通人士捷足先登，動作慢的又只好抱向隅之嘆了。

而這一次的賞雪之旅，合歡盛名之下，更引來不少稀客：職工福利委員會的兼主任委員曲顧問、剛剛走馬上任的福利會主任鄭文全兄、信託處陳秀全科長的董事長夫君、儲運處自請退休現執業會計師的蘇永吉兄伉儷，還有幾位同仁的局外朋友，兼容並蓄、陣容浩大，說得上多彩多姿，情趣盎然。岳友相見，識與不識，都顯得份外熱絡，畢竟在包容無私的綠色大地前，就算萬物之靈的人兒，也顯得渺小而可親，正所謂親不親，攀岳人。想想也是：遠離塵囂，雲水飄飄，襟懷蕩蕩，名利不能纏，五欲不能縛，如此生機，何物不可親？

二

兩部豪華的遊覽車準時於週末（元月廿一日）十二時半停靠在總局大門前，大伙抽籤入座，諸事就緒，車隊便浩浩蕩蕩邁向高速公路。循例由戴社長文芳兄簡要的佈達行程細節，掌聲過後，並敦請曲兼主任委員、鄭主任暨岳社榮譽社長房產科的賴兼長慶鴻兄先後致辭、互祝平安，輕鬆中有感人的一面。三位難得的貴客同行，共襄勝舉，看來山岳社眞的是要一路發了。

車行順暢，四時左右由彰化下高速公路，直趨埔里。沿途馬路寬敞、人車稀少，據說是舊路新拓，感覺上較往日由台中經東勢入埔里之徑，平坦舒暢許多，畢竟人家司機到底是老馬識途，輕車熟路，沒有顚簸之害，也無暈車之苦，眞是難爲他哩！

準五時抵達埔里。鬧衢通巷、依稀舊識，車子左彎右繞，好不容易第一旅社在望，大伙一聲歡呼，如見故人。想當年能高越嶺，初識攀岳滋味，便是由第一旅社揭開艱苦行程的序幕，別後經年，離燕歸來，倍覺親切。而此番「第一」也沒讓人失望，在舊有規模之上，又增建了幾間新房，種種現代化設備，已經不再是當年的吳下阿蒙了。也許要克保第一的令名於不墜，不作如是更張，其勢亦有所不得吧！

三

解決了近百人的住宿問題，緊接著一頓豐盛的晚餐，把山岳社的幹部同仁忙得團團轉。但最爲我們所期待的則是飯後的自由活動，可以隨處逛逛，到處瞧瞧，一派悠遊自在閒雲野鶴狀，從喧囂擾攘的北市風塵脫困而出，暫時擺脫制式生涯的桎梏，三五同事好友，難得山城小鎮踱方步，此中有眞意，欲辯已忘言。

更令人賞心暢懷，覺南面王不易的是就寢前的宵夜小酌。此番曲顧問是主帥，先鋒文全、慶鴻還有我們幾個龍套，一陣吆喝，目標自是埔里有名的山產，什麼山雞、山羊、山羌，還有嚮往已久的鹿肉、熊肉等等，店面雖小，山產可是應有盡有。主帥自備的珍貴藥酒，犒賞三軍，我們無功先賞，卻之不恭，今夜朵頤之快，必然的又是酒酣耳熱，令人陶醉。

小店門口鐵籠裡，一隻活生生的黑熊，人立起來，也有我們一般高。猶憶數年前風行一時的洋片「浩劫餘生」，描述地球劇變，人類遭劫，猩猩稱王，幾位歷劫餘生的太空人返回地球後，反遭猩猩視爲異類，一夥人也是被關在這樣的「鐵籠」裡，觸景情傷，悲憫之念，油然而生。頓覺吾等逞一時口腹之慾而殘其生命，亦何其不忍也。事後又閱報載，謂研究發現目前台灣各項山產，都具有傳染人類疾病的潛力，警告老饕們當心「口蜜腹劍」，更不啻當頭棒喝。當夜是醉眼曚曨，自得其樂，事過境遷，警念頓生，寄語老饕同好，此後可得善體上蒼好生之德而強忍一時之慾了。

四

山岳社老規矩，翌晨又是三時起床，漱洗早餐，一切就緒，四時改搭卡車往山區出發。恰逢農曆尾牙，明月高掛，夜涼似水，但覺車行如飛，四野闃寂中，有一份征人的悲壯豪邁之氣。敞篷卡車有顛簸之勞，幸無窒悶之苦。入山漸高，氣溫漸低，勁風撲面，已經開始領受山寒的滋味，大伙紛紛把雪衣等重裝披上，瑟縮成一團，隨車震蕩。

經霧社抵翠峰，看看腕表，還不到六時哩。卡車未抛錨而止步，原來一大簇計程車群阻住去路，前進不得也。下車探悉種切，據說每屆冬雪期間，翠峰以上交通胥由他們壟斷，要嘛不坐車，否則非坐他們的不可，霸王硬上弓，旅人盡低頭。一副「此山爲我開，此樹爲我栽」的架式，所謂強龍不壓地頭蛇，事已至此，我們也只好認命了。坐就坐吧，每人二百元，直送到昆陽。想想彼等爲掙這區區之數，還得半夜三更的驅馳於山間險徑，其實也並非白吃的午餐。何況，每年冬雪期間充其量也不過短短三、兩月，過此期限，便只有乾瞪眼的份，一曝十寒，坐吃山空，處境確也值得同情。轉思及此，原本不直之氣，也就釋然了。忍一時，風平浪靜，退一步海闊天空，世間事果均能作如是想，則天下便告太平矣。

翠峰到昆陽，十二公里路程，計程司機輕車熟路，風馳電掣般，不多時便抵達地頭。由此下車步行，揭開合歡之旅的面紗。

五

按此行主要目的在高山健行賞雪，因此自昆陽開始，等於主秀登場，大伙個個精神抖擻，擺開架式，紛紛就道。

然則三千公尺上稀薄的空氣與低冷的氣溫，在一陣瑟縮之餘，呼吸頓感迫促，舉步亦顯蹣跚，心頭的壓迫感，越來越重。好在不到一公里的距離就是標高三二七五公尺的武嶺，該處爲本省公路最高點，也是瞻望合歡山的最佳地點。過了武嶺，坡度突然下降，且此去合歡山只有二公里路程，大伙的心裡有數，合歡山就快到了。

八時半左右，果眞抵達慕名已久的合歡山，入松雪樓小憩。但見各路人馬蝟集，小小的一座松雪樓塞滿了許多登山客，後至者幾無立足之地。有人說文明對於山岳的影響，以合歡山群峰而言，確實有些過份。交通的方便，改造了合歡山的景觀，昔日位居中央山脈主脊，群山彙結的地域，今日由於中部橫貫公路的開通，霧社補給線的銜接，公路無情地攔腰而過，以前連峰疊巒，坐鎭一方的高山，如今搖身一變，成了側身可及的小崗。其後，更由於警備總部解除了東西橫貫公路的山地管制，開放爲一般遊覽區，合歡山滑雪地，更帶來了大批的遊客，冬天是滑雪勝地，夏日則是避暑佳處，於是小小的一座松雪樓，聲名因而大噪，每逢假期，就難免於人滿爲患了。

只可惜，天不作美，山上氣溫雖低，究竟仍未達降雪標準，沒有紛飛細雨，缺乏造雪條件，看不到想像中的皚皚白雪，辜負了賞雪之旅，不無憾焉。好在山色青青，草木含翠，一路上的水秀山明，宜人景色，漫步其間，倒也自在而安詳。合歡踏過，雖乏雪跡，有相看兩不厭的峰巒秀色，也算値回票價了。

六

悵然離開合歡山，告別松雪樓，邁向九公里外大禹嶺去搭車北返。

先是，緩坡上昇，約經一公里左右，抵達海拔三一七九公尺、以風力強勁、形勢險要著稱的「克難關」。該處原名「鬼門關」，顧名思義，即可知其危險程度。由於地當中央山脈主脊東西兩側氣流翻越的風口，當氣流不穩時，空氣便由此鞍部通過，形成強勁的風力。遇到強風時，行人沒法通過，偶而風力稍減，還得匍匐前進，才能確保安全。據說曾經有好幾部車子在此被吹落山谷，後來蔣故總統經國先生，以其名稱不雅，改其名爲「克難關」。風口左側，現已築起水泥欄杆爲防，已增加了幾分安全感。快速通過後的豪壯自得，頗有顧盼自雄之狀。

過了克難關，年輕的健腳在社長文芳兄的帶領下，順路攀登了海拔三二三六公尺亦屬百岳之一的石門山。而我們這一夥，惟恐後勁不足，只好望石門而興嘆，繼續未完的九公里行程，但求早早抵達大禹嶺，養精蓄銳去也。

這以後的大半途程，多屬下坡路，步伐輕快不少。倒是沿途另一批由大禹嶺地頭蛇獨霸的野雞計程車，奔馳其間，不時的揚起陣陣塵煙。但見黑煙與塵沙齊飛、油味共車聲惱人，這大概就是文明對於山岳所帶來的另一種負面影響吧。

就在車聲與油味交纏的縫隙間，我們這一群漫步在人爲製造的高山囂塵裡，走走停停，勉強於十一時半左右，先後抵達健行終站的大禹嶺。

原先公告的行程，是在此搭乘原車，經中橫宜蘭支線，取道濱海公路返北。嗣以支線路狹多彎，豪華型的遊覽車難以順利通過，行前臨時變更路線，改由梨山經谷關，東勢入豐原上高速公路北返。調整後路況較佳，車行便捷，時間反而可能從容些。於是大伙在大禹嶺就地解決民生問題，選購土產後，便紛紛坐上了豪華舒適的遊覽車椅座，閉目養神，一副好整以暇，安閒自在的態勢，較之往日攀岳歸途，神衰力竭，敗兵殘勇的疲態，簡直不可同日而語。

五時抵達頭份，享受一頓色香味俱全的客家大餐。九時不到、安返台北，與往日的載月而歸、半夜返北，這實在是一次難得的輕鬆經驗。

這一次合歡山之旅，雖沒能遇到內心期待的雪景，但如此輕鬆的高山行，也不無收之桑榆的喜悅。歸途中，大伙非僅毫無灰心喪志之態，猶且興致勃勃，相約他日，雪花飄時，合歡再見。

中信通訊一六七期七八、五、一

武界曲冰好風光

一

自從二月間的合歡山賞雪之旅，天不作美，合歡踏過雪無痕，與雪花緣慳之憾，惆悵不已。但就在當日合歡歸途，道出霧社，處群山環繞之間，滿眼青翠，塵慮盡滌，悠然忘我之際，中信山岳社的戴社長文芳兄，一時豪氣大發，指著山的那一邊，告訴大家，在彼山深處，有兩個山胞聚落叫什麼武界、曲冰的，水秀山明，深山隔絕，有如世外桃源，並一再強調較眼前所見山色，秀麗不下百倍，得便當率隊往訪云云。大伙雖覺好奇與新鮮，無奈旅途勞頓，心不旁騖，也就不甚了了。不想幾個月匆匆過去，山岳社在三月間又已舉辦過一次北大湖的高山攀登活動。我們部份不勝其勞的「老鳥」，忍痛作了一次逃兵之後，畢竟也有點腳癢難熬，好不容易再度盼到一次高山桃源之旅，社長帶領我們到武界、曲冰攬勝的諾言，不數月而踐履，我們忠誠的岳友，自然的是一呼百諾、紛紛響應了。

但或許因社長另忙於籌劃五月間率團作一次東南亞的國外旅遊，乏力招呼；或許岳友皆健腳，五嶽歸來不看山，對於據說海拔不到千公尺的兩處深山聚落健行路線，胃口缺缺，以致臨出發前夕，竟然湊不足兩部遊覽車的人數，跌破眼鏡，簡直大損岳社威名。幾經斟酌，基於方便照顧起見，終於忍心破例，就以一部車為已足，多出來的邊緣人數，只好陪盡小心，好言勸退，此番歉難從命，下回必可如意。

二

對於久已成習的兩部大車上百成員的壯盛隊伍，突然縮減成一部四十餘人的遊覽車，感覺上氣氛冷清了許多，但岳社幾員大將，如：先鋒的安維有先生，青壯嚮導的林信陽、李明峰、林慈邦，女嚮導李秀珠暨金掃把罷盛鍔諸兄，均或私務牽纏或公事羈身，無法同行。只剩社長和房地產科的林炳約兄，資訊處的廖桃源兄三人護駕，軍力單薄，一部車也夠他們忙的了。

行程安排在四月十五至十六日，利用週末與週日假期，算是迷你而經濟的健行活動。車子因週末顛峰時間，停車不便，在外圍兜了幾個圈子後，較約定時辰晚了約半個小時才停靠在總局大門口。隊友們一湧而上，動作俐落敏捷，沒有多事耽擱，即使如此，當我們邁出台北市奔馳在高速公路上，也已經是午後二時許了。

也許是肩頭擔子驟然減輕了一半，或許是年來上山下海飽經風塵，豐富的閱歷，拓展了開闊的心胸。車子上高速公路後，山岳社的戴社長文芳兄，便拿起麥克風，在例行的行程簡報後，突發豪興，即席客串節目主持人，帶動大伙歌唱助興。他老兄的招牌歌「快樂的出帆」，唱來有板有眼，一次比一次夠味，難怪信心陡增，在大伙的「安可」

下，又推出了幾曲新作。隊友們習見他往日山涯水湄間所顯現的豪壯氣概，不圖今日無意間領教了他另一面如水柔的細膩情致，都有耳目一新之感。岳社榮譽社長賴秘書慶鴻兄夫人，此番難得隨駕出遊，在大伙的鼓噪下，一曲「杜鵑花」，風靡了全車旅客，博士夫人眞不是蓋的。此外，人事室第三科綦兼科長立梓兄還有他們的科花王瑛珠小姐，都展露了繞樑的歌喉，笑聲滿車廂。歡樂的氣氛延續到泰安休息站後才暫告停歇。

再出發，仍沿二月間合歡之旅的走法，由彰化下高速公路直趨埔里。馬路寬敞依舊、人車也仍然稀少，重過舊時路，頓憶昔日情，景色依然，親切更多，六時左右，在大伙的盼待聲中，埔里到了，第一旅社在望，舊舍無恙，樂何如之！

三

照例，配妥床位後有一頓豐富的晚餐。酒足飯飽，三五成群，隨處閒逛。寧靜的山城小鎮，有數的幾條街道上，突然冒出這一批批的陌生客，顯得非常惹眼。商家、攤販莫不以親切的招呼、熱誠的眼光大肆招徠，而我們這些遠來的凱子，難得翹家外遊，出門裝豪客，觸目新鮮，口袋中的阿堵物也就大大方方的棄置不復顧、大有千金散盡還復來之氣概。

人事室的綦兼科長率同陳專員永斌兄暨王瑛珠小姐，是此行稀客。按第三科主掌全局同仁康樂、福利事宜，細究起來，還是各社團的頂頭上司呢。彼等平日公務羈身，難得撥冗，此番居然忙裡偷閒，與「民」同遊，紆尊降貴，是值得大書特書的社團活動盛事。爲了表示我們的竭誠歡迎之忱，當夜翌朝，我們這些老鳥都以一副過來人的姿態，多所獻替，希望這一趟山水之旅，能促使他們早日投歸岳社陣容，則他日嶺上山巔，跋山涉水，老鳥又增幾許，陣容更見壯盛，豈不快哉！

就寢前的宵夜小酌，挿花節目，雖屬小道，卻能把大伙平日官式的藩籬撤除，拉近了彼此的距離，原來人間還有眞誠的情誼在，道地是醉翁之意不在酒。

這一次的登山活動，以高山部落攬勝爲主。據說步行距離不出十公里，較諸往日海拔三千公尺以上，動輒數十公里上下的行程，簡直就是小小巫罷了。因此一夜好睡，翌晨也不必趕三更。在曙色已露的五時左右才起來。漱洗、早餐兼整裝，統於一個小時內完成。

六時許，兩部中型的敞篷卡車已佇候於旅社門口，各自找尋最適意的位子，隨車往山的那一邊深入。

四

按此行目的地的武界、曲冰，係屬於南投縣仁愛鄉的兩個原住民村落，都是屬於甲種山地管制區，必須辦理甲種入山證才能進入。我們的山岳社主政諸君，在這方面爲我們服務多次，駕輕就熟，已不在話下。

埔里到武界，距離約二十公里左右，沿途都是曲折起伏狹窄多彎的產業道路。卡車準六時半衝出埔里，行人稀少、車行迅速、天氣晴和、四野亮麗。大伙擠在敞篷車座上，或站立或蹲坐或斜倚或半躺，橫七豎八，氣象萬千，與車外秀麗景色，相映成趣。一路上說說笑笑之餘，也不時的為週遭大自然奇妙的景象所吸引而讚嘆而驚呼。顛簸搖幌中，時間一分一秒過去。八時半，依照預定的兩個鐘頭車程，卡車準時把我們送到第一個目的地——武界。

此去深入山區，卡車無法續行，岳友只好就此下轎，要憑雙腳走路了，而卡車則由原路折返埔里再繞經霧社、萬大水庫到達彼端的曲冰與我們會齊。我們此去曲冰大約十公里路程，預定三個小時內可抵達，而卡車要回繞個大半圈，據說卻非四個小時以上莫辦。深山接駁轉運之艱難費事，由此可見一斑。

稍事整理行裝，觸目四顧，不知不覺我們已身處群山之中，武界部落進入視線之內，四圍山坡梯田，井然有序，周圍景觀，不失一份靜謐的美。走進村落，幾間水泥洋房，家家門扉深閉，想見其間主人或許外出營生，或者「鋤禾日當午、汗滴禾下土」去了。倒是幾隻門前門後鑽出來的山犬，迎面跑來，唁唁吠聲，劃破了山村寧靜的氣氛，幾位山胞婦女稚兒在懷，好奇而親切的對我們行以注目禮，懷中稚兒，大而明亮的眼睛，可愛而具靈性，似乎是他們部族特有的標記。此地山胞屬於布農族，除老一輩的少數幾位，一般都能說得一口流利的國語，語言的溝通無礙，縮短了彼此間的距離。看他們一派安詳悠閒狀，幾疑葛天氏之民，重現人間。

五

通過村落，繼續往曲冰方向前進。但見層層疊翠，直下濁水溪床。大約一小時後，走過一座吊橋，赫然發現台電大觀發電廠所屬武界壩管理所在焉。管理員鄧先生歡迎大伙入內休憩、殷勤奉茶並不厭其詳的數說水壩種切，頗有白頭宮女話玄宗之概。深山情誼重，無奈勢所限，說不得只好依依告別，「明日隔山岳，世事兩茫茫了」。

再度踏上征程，此去沿途皆循濁水溪畔前進。濁水溪上游寬闊的曲流河床以及山杜鵑、楓林、梯田的景觀盡入眼底。一路行來，秀色飽餐，了無倦意，更難得的是健行路線一大半都是在山林下穿梭，陰涼清爽，一路飽吸「芬多精」，但覺神清氣爽，心曠神怡。想想如此寫意健行，眞是幾世修得？

大伙踏著輕快的步伐愉快的前進，不知不覺已走到第二個也是此行最後的目的地——曲冰。

中午十二時左右，大隊人馬穿過曲冰部落陸續進入部落最高學府的萬豐國民小學。原來經政府的大力建設，該區現已改稱萬豐社區。一排排整齊有序的水泥房，取代原先的石板或土塊屋，各種現代化的設備，並不輸於平地鄉村。

學校位於台地上，俯瞰居舍，盡入眼底，仰望四周，梯田排列於山坡之上，一片青翠、耀眼而安詳，與武界殆相彷彿。清芬的空氣，使人心神舒暢，遼闊平坦的草坪，一群人高興得想飛，每顆心都在歡唱。不論男女老幼，沒有一個不喜孜孜地，笑盈盈地想擁抱這美景還有那無盡的蒼穹。

把隨身攜帶的便當解決掉，有個把小時的休息時間。草地上隨處偃息，仰視浮雲白，悠悠我心閒。比起鬧市囂噪，這裡何啻是一塊清淨而浮出塵海的桃花源。分享這高山之上，白雲深處的布農族人所享有的安閒與寧靜，那怕只有片刻時光，也感心滿意足矣！

六

思緒如脫韁野馬馳騁在忘我的領域中，突然，領隊的一聲哨音，把我們逼回冷酷的現實來。正是「信雖美而非吾土兮，曾何足以少留」，此間雖樂，不能不思蜀。畢竟各有因緣莫羨仙，身爲凡間人，我們還是得回平地去。車子久候不見動靜，領隊希望大伙趁猶有餘力趕上前去會合，俾爭取下山時間。

儘管我們有多依戀也有多不捨，仍不得不揹起行囊，跟著大伙起行。好一陣悠閒的山間漫步，午後二時半走到另一處叫松林的布農族部落。社區建築外貌與前二處所見，大同小異。但此處已有南投客運班車行駛，更接近外面世界文明，卻也失去幾分純眞。全村最宏偉華麗的建築，是一棟三層樓高的天主教堂。西洋宗教無遠弗屆的力量，在我們歷次高山攀越程途，屢見不鮮。上帝的子民，挾船堅砲利以俱來，而西洋教士上窮碧落下黃泉的傳教精神，卻也不可厚誣的。

等了一個小時左右，大伙的心情開始焦慮，也曾試著與外頭聯繫，但深山陌生地，卡車何處覓？踟躕徬徨中，遠處山間突現卡車芳蹤，大伙爭相走告，雀躍之情，不言可喻。卡車安然無恙的趕來，我們心頭的一塊巨石落地，一聲歡呼，跳上車座，兩車前後相隨，往山下絕塵而去。雖然較預定時間晚了兩個多小時，總算把我們安然接返埔里。

改搭來時遊覽車，八時抵頭份晚餐。十時整返抵台北，大伙急急忙忙分頭趕返自家的狗窩，有詩爲證：「錦城雖云樂，不如早還鄉」。我們又豈能跳出三界外，不在五行中？

中信通訊一六八期七八、七、一

白揚訪瀑布秀姑泛輕舟

一、清涼之旅

中信山岳社，打從四月中旬一趟武界、曲冰的高山攬勝歸來，戴社長文芳兄隨即僕僕風塵，率團作了一次東南亞之旅，把觸角伸向海外，樂壞了隨隊同仁，卻也累苦了社長暨總幹事林信陽兄。兩大台柱，前前後後足足忙了個把月，直至旅程結束，把大伙安然帶返國內，纔稍獲喘息。好一陣子的沈寂後，經不起岳友同仁，一再的催促懇求，乃於百忙中毅然推出岳社本年度的夏季自強活動。行程安排在七月廿一日至廿三日（週五至週日），以兩夜三天的時間，作一次山水同步、老弱咸宜的清涼之旅：花蓮太魯閣國家公園、白揚瀑布、水濂洞攬勝及秀姑巒溪泛舟。

一連串的活動項目，內容之充實與行程之多彩多姿，光其出師名目，就夠令人心嚮往之的了。而深山訪瀑布、急流泛輕舟，動靜各得其所，有幸身臨其境，個中甘苦備嘗景況，深印腦際，久久不忍拂去。雖然，棄我去者，昨日之日不可留，而繫我心者，竟也是昨日之日，山涯水湄間多勝事也。

二、北迴夜車

行程適逢暑假旅遊熱季，地點又是東台觀光勝地；北迴鐵路，平日已常鬧票荒，假中更有一票難求之嘆。偏偏中信山岳社經過武界、曲冰之行的一度低潮，再出發便覺氣勢不凡，風聲乍傳，不數日間，兩節車廂九十個座位，立告客滿。這廂是向隅者衆，而那廂熱門季節、熱門路線的九十張票，則仍煞費張羅；縱然是經驗老到、公關不凡的岳社幹部，也得使出了九牛二虎之力，運用公誼私情才好不容易的爭取到較爲冷門的時段票——深夜十一時五十九分的自強號快車。能如此，也已經是天大的面子了。

比起往日攀岳，設非清晨就是午後下班的遊覽車，這一次深夜火車，倒眞的是生面別開，另具一番新鮮的情趣哩。

但見當夜十時不到，火車站候車室裡，便陸陸續續湧進了一些親切的面孔，有：山水同好的老鳥們，也有似曾相識歸來燕，不論識與不識，只看那一副行頭，便都心照不宣，彼此一笑會心。

越接近開車的時刻，熟人來得越多；這廂人事室的陳副主任寶明兄單身赴會、那廂莊副主任清隆兄以及祁科長順年都是闔第光臨、熱鬧有勁，綦立梓科長也率同他的少爺翩然蒞臨。人事室來了兩位副主管、兩位科長，以身作則倡導自強活動，可佩可感。幾時要是他們的徐主任也能大駕光臨，那山岳社纔眞的叫蓬壁生輝哩。再看看那廂：秘書處的唐副處長也帶了一位保鏢——他剛考完大專聯考的大兒子前來赴會、而公保處蔡襄理文欽夫婦，岳社榮譽社長的賴秘書慶鴻兄，幾位倩影同時出現，一聲歡呼，滿室生春。隊伍裡有幾度同遊的老鳥、也有難得偷閒的稀客，濟濟一堂、好不熱鬧。看來，岳社的陣容眞是日起有功，越來越壯盛了。

社長暨幾位得力幹部，擎起中信山岳社的大纛，號令鮮明，大伙在他們的引導下，也都能做到一個命令一個動作，不敢出錯。這大概就是魚幫水、水幫魚的道理吧。

火車準時開出台北站，大伙分佔兩節車廂，興奮之情，自不在話下。一些少年仔，一則精力旺盛、一則新奇的夜車同行，不甘寂寞，硬是有話則長；而幾位較年長的伙伴，則是一副曾經滄海的態勢，老神在在、不爲所動，一上車便似老僧入定般早早覓他的周公去了，彼等無話則短，枉他北迴鐵路的鬼斧神工、秀麗景色，都被拋在黑暗中，無福消受也無法消受也。

翌晨四時半，在一片框噹聲中，火車緩緩駛入月台，抵達我們此行的首站——花蓮。

三、白揚瀑布

下車，等預先雇妥的兩部台汽公司中興號汽車前來接運。

花蓮新站廣場寬闊，又當曙色乍露，車寡人稀，一派寧靜安詳的氣象，比起台北車站的車水馬龍、噪音不斷，簡直不可同日而語。寬敞的馬路、乾爽的空氣，觸目怡然，入鼻清新，旅程初站，就有一個好的開始，此行怡悅，已可預卜。

兩部車準時抵達，大伙依序入座，兩車一前一後，在行人稀少的馬路上，風馳電掣般逕往太魯閣山區駛去。筆直平坦的柏油路，迎向青翠的高山一路深入，兩旁碧綠的農田，向山腳伸展出去，空曠的原野，一片盎然的綠意，未入山，先陶醉。

驅馳間，太魯閣轄區群山奔來腳下、綠意迎人，神清氣爽。未幾，馳近中部橫貫公路的邊緣，但見「東西橫貫公路起點」的紅色牌樓，矗立道中。想當年學校畢業的環島旅行中，這裡是一處令人嚮往的名勝，睽違後，流光容易把人拋，曩昔年少，今已鬢斑，舊地重蒞，風景不殊，只是昔年遊伴，各奔東西，睹景思人，能不憮然？過牌樓不到三公里，左側山腰，紅色的長春祠巍然屹立，中國風味的建築以及其間的飛瀑流泉，儼然國畫中的山水意境，依稀舊識，別來無恙，昔日遊蹤，一一湧上眼前來，既親切亦令人感傷，不勝其物換星移之嘆！

六時半，抵救國團天祥青年活動中心，假此早餐，稍作盤桓，仍然原車續行深入。不多久，車子停在一處稍爲空曠的路邊，當大伙尚未意會過來時，領隊已一聲令下，要大家輕裝下車步行，正式展開今日旅程的重心項目——白揚瀑布攬勝暨水濂洞探幽。

左側山洞鐵欄杆把關，不是識途老馬，實在看不出裡面別有洞天。在領隊的引導下，由僅容個人出入的缺口踏進去，一座數百公尺長的山洞迎面而來，大伙藉著手電筒餘光，魚貫徐行。洞裡陰濕的空氣，與洞外亮麗的山谷，不啻兩個世界。一路走過，對於鑿山開洞的無名英雄，不由得肅然起敬。洞口彼端，豁然開朗，樹既青翠，花亦嬌艷，令人有世外桃源的驚嘆。在吵雜人聲的回應下，突見山樹上群燕驚飛、呢喃燕語，打破原有的岑寂，幾疑身處幻境，有不知今世何世之感。

山口到水濂洞，全程不及五公里，但類此山洞，長、短合計，不下十餘處之多。據說該處係當年台電工程人員所開闢，後來納入太魯閣國家公園轄區，爲保護天然景觀，禁止人車出入。嗣以配合森林遊樂區觀光需要，於去年局部開放遊人進入，至所有車輛均仍在禁行之列。山岳社不愧是山岳社，如此路線，居然被他們捷足先登，主事者「草萊初闢，以啓山林」的拓荒精神，令人感佩！

大約走過了斷斷續續的七、八處山洞，前後間距三公里左右，突然眼前境界一寬，仰視山巔，一道白泉，勁瀉而下，約百餘公尺長度的水柱，沿著山頂地形隔絕成三段飛瀑流泉、但見匹練天外飛來，奇景天成，煞是壯觀，不能不令人贊嘆造物者的神奇與偉大。據說，這裡便是聲名乍起、邇來花東旅遊必列的風景線——白揚瀑布。

大伙攬勝嘆奇不置，但據說好戲還在後頭，過此山洞，便是水聲潺潺的水濂洞了。顧名思義，想見其間幽勝，或許眞不在白揚瀑布之下哩！

才抵洞口，及膝的積水，清涼有勁，入得洞來，幾處洞頂岩壁，宛若瀑布的水柱，急瀉而下，水勢滂沱、水聲澎湃，有如萬馬奔騰，氣勢雄壯、聲勢嚇人。淋浴其下，透體沁涼，冷則冷矣，但洞外暑氣逼人，洞內的一番洗禮，確實也令人大呼過隱不止哩。

領略過水濂洞的奇景幽趣，接著還有第二水濂洞，但基於再衰三竭的道理，似乎沒那麼新鮮刺激了。人的現實，在這個地方表露無遺。

循原路返抵洞口，計往返共費時三個鐘頭左右。登原車入花蓮市午餐，一個上午的時間走過太魯閣國家公園的菁華勝境，算是一次精緻的迷你行程吧。

午後行程重點原爲池南森林遊樂區，奈氣候不穩，一陣急雨，大煞風景。車到遊樂區門口，雨勢不歇，只好過門不入。按該遊樂區位於鯉魚潭西南面，據說區內包括幽林、營地、森林博物館、伐木工作站等風景據點，皆風光綺麗，徒以雨勢作梗，緣慳一面，殊覺可惜。

車子調轉頭，改走光復鄉，過台糖公司花蓮廠小憩，該廠特製的紅豆冰淇淋等，口味甚佳，引得大伙齒頰留香，久久不忍離去。

此後行程，因雨變更，大雨中暮色早降，大伙都有倦意，只好提前趕往瑞穗，下榻太平洋泛舟公司薦介的三仙客棧。

晚餐後，領隊帶頭舉辦的一場卡拉OK歌舞晚會，是屬於年輕人的天下，但見他們又唱又跳、樂在其中。惜乎余生也早，既不能歌亦不懂舞，識相的悄然引退；而寧靜偏僻的東台小鎮，一條不到三百公尺長的街道，也沒什麼好逛的，還是早早上床、養精蓄銳爲妙。

四、秀姑泛舟

一夜好睡，天亮醒來，神充氣足，昨夜陰霾褪去，天空亮麗，是一個外遊的好日子。今天的行程重心，是此行壓軸——秀姑巒溪泛舟活動。

早餐後，太平洋泛舟公司的卡車，先把我們載到他們存放救生衣帽的倉庫，著好救生衣帽，再登車直送瑞穗大橋秀姑巒溪泛舟起站，等候擊楫中流的一聲令下，便可一嚐輕舟飛渡的刺激與樂趣。

秀姑泛舟是近年來崛起江湖的熱門活動，透過大眾媒體的哄傳，自數年前一夕風行，歷久不衰。孤陋如我，尚不甘寂寞，七十三年夏隨中信游泳隊初臨其境，眼界大開，去夏再度光顧，興味猶濃，此番算是三度經臨，樂此不彼，其來有自。

按秀姑巒溪泛舟水域，由瑞穗大橋起至長虹橋止，全長約二十六公里，有二十三處激流。沿途不少及膝的淺灘，也不乏深可沒頂的漩渦與急流，安危所繫，只在一線之間。而狹谷夾峙，怪石嶙峋，景觀奇絕。尤其號稱國寶級的秀姑漱玉，更有如鬼斧神工般神奇，仔細觀賞，另具一番情趣。且逐流而下，沿岸高山聳峙，蒼蒼橫翠，如入畫境。泛舟其間，緊張刺激之餘，亦不無悠遊浮沈、怡然自得之樂。個中感受，眞是令人久久難忘。

七時整，十幾艘橡皮大舟，一字排開，一聲令下，解纜中流，連其他遊覽團體，水域中一下子出現了近百艘橡舟，雖無戰鼓鼕鼕擊楫渡江之概，但此起彼落的么喝與歡呼聲，倒也把原來寧靜的秀姑巒，激盪得震天價響、好不熱鬧！

凜於親自操舟的艱苦經驗，此番夥同秘書處的唐副處長林泉暨賴秘書慶鴻兄，降格以求自請乘坐救生員操控的汽艇。一舟飛駛，呼嘯生風，有輕舟飛渡的刺激與樂趣，無力划不前的尷尬與艱辛，而旁觀餘舟戰友的嘶喊與掙扎，亦不自禁流露出會心的微笑。想當年，我們也是身歷其境，苦中作樂過來的。

拜慶鴻兄的攝影機之賜，救生員法外施情，在幾處險灘、峽谷，特意停舟讓我們駐足或上岸，以逸待勞獵取美妙鏡頭。尤其難得的是常人難以上岸的秀姑漱玉勝境，更得以親炙摩挲，飽餐秀色，一償多年宿願。憶昔泛舟過此，早累得頭暈眼花、饑渴難耐，哪還有餘力登臨親炙國寶級的奇石巨岩？不意此番因緣巧合，無心插柳柳成蔭，總算不虛此行了。只是，記憶中的秀姑漱玉，潔白亮麗、晶瑩可愛，而今日所見，竟半成灰黯，頗也失色，難道是不斷的人潮挾污染以俱來，使寶石蒙塵？抑或多年的日曬雨淋致奇岩變色？

十一時左右，耗了將近四個小時，看看全員都已安然上岸，我們這客串的救生員，才算仔肩得卸，也趕緊謝過正牌救生員，匆匆著陸，沖洗易裝，登車前往八仙洞享受一頓豐盛的午餐。

旅程至此，已近尾聲。距三時十八分的北迴火車開車時刻，逐漸接近讀秒階段，而大伙仍在花蓮站東南七十餘公里外的八仙洞悠哉遊哉。時乎，時乎，不再來，領隊逼急了，哨音陣陣，好不容易全員到齊。懇託司機，踏緊油門，風馳電掣般趕抵花蓮站，剛好三時整。回想出門以來，行程緊湊、環節相扣，瑣瑣屑屑，即使有驚，其實無險，主事者計劃之週詳與設想之週到，具見其主控全局之功力，苗頭非僅一眼眼也。

上了火車，兩夜三天的興奮、刺激，化為一身困頓，我倦欲眠君且去、瀑布輕舟入夢來，且讓我們慢慢陶醉吧。

中信通訊一七〇期七八、十一、一

疑幻疑真小鬼湖

一

中信山岳社於十月間，以高山健腳組隊完成攀登百岳雄峰的南湖大山壯舉，爲兼顧部份望百岳而怯步，卻又志在山水的仁兄仁姊懇求，乃再接再厲利用秋季的自強活動，舉辦了一次別具幽趣的小鬼湖探幽之行。

按小鬼湖係中央山脈餘脈群山環拱形成的高山湖泊，位於屏東山區百公里之處，隸屬台東縣轄區，標高爲二千零四十五公尺。因其地處深山，交通不便，往昔除少部份土著，偶一涉足外，人跡罕至；且深山林木蔥鬱、高山水氣蒸發，隨風飄移的山嵐，使小鬼湖終年籠罩在一片迷離恍惚的雲霧中。據說早年誤入其境的山胞，常有離奇失蹤的情事發生。野史流傳，無從考證，衆口鑠金，繪影繪聲，遂有「鬼」湖之稱，爲高山勝境抹上一層神秘氣氛。難卻青山綠水的呼喚、也禁不住好奇心的驅使，當山岳社貼出了它的活動公告，咱們這些未敢高攀南湖的便迫不急待的報了名，迫切地期待著與山友結伴，共探小鬼湖幽秘。

由於小鬼湖標高低於三千公尺，未列百岳排行榜，致使具有攀登百岳紀錄的岳社社長戴文芳兄，在其輝煌的攀岳經驗裡，亦未遑登臨。為了不負同仁殷望、也免得臨事倉惶，文芳兄在事前特撥冗率同岳社總幹事林信陽兄，自費先跑一趟小鬼湖踏勘地形，等一切安排妥當，確認有前往一探其幽的價值，纔發出通告，一肩獨挑領隊重責，其心可佩，其情可敬。

活動的行程，安排在十一月十一（週六）至十三日（週一）連續放假的檔期。由於深山接駁載運卡車的安全限制，岳社不希望人數太多，而大好假期，也搶走不少老山友，另作其闔第旅遊之計。因此，五十餘人一部大型遊覽車，剛好符合岳社要求，人數不算多，而多亦不可行也。

二

刻意避開連續假期高速公路車潮，也為精簡旅程時間，特意安排在深夜十一時四十分，由總局大門出發，預計抵屏東剛好天亮。車上假寐，一以打發長途夜車無俚、一以節省覓地夜宿之資，省時省事，一舉而數得，如意算盤打得精。

一上車，老鳥菜鳥、舊友新知，寒喧頻頻，煞是熱鬧。啓動後，高談不便，喧嘩無從，而夜深路靜，頓顯孤寂。未幾，睡蟲頻來扣關，一車寂然。迷離恍惚中，睜開眼睛，車子竟已馳下高速公路，曙色乍現，屏東到了。這一覺，困坐侷處、動彈不得，雖然睡得痛苦，倒也養足了精神。

台南分局年輕的女課長許毓華小姐，遠從府城趕來此地會合，精神可嘉。而鼎鼎大名的老牌歌星羅江先生亦赫然出現在前來接運的卡車上，與大伙親切招呼，眞是奇哉怪哉。經打聽之下，原來他還是我們岳社副社長號稱金掃把的羅盛鍔兄令弟，趁府城作秀空檔，特地撥空趕來共襄盛舉的。眞是人的名兒、樹的影兒、名人隨隊、舉座哄動。天邊一顆星，竟也是自家人，大伙的興致，頓時高漲了許多。

五十餘人，換乘一大一中兩部卡車，離開屏東車站，往山地門方向奔去。晨間車寡人稀、暢行無阻，沿途田野平疇、一派鄉村景象，彌覺親切，而道旁田埂，筆直瘦高的檳榔樹與椰子樹相映成趣，南國情調，令人眼爲之亮。

三

七時半抵達山地門，此地距屏東二十一公里，顧名思義，已屬山地社區。猶憶學生時代，參加救國團暑期青年活動山地社會考察隊，曾駐足於此達兩星期之久，惜歲遠年湮，雪泥鴻爪，半已模糊，只記得當年管制綦嚴，入山匪易，山胞聚落，多半停留在石片矮屋時代。而如今則進出隨意，眼前所見，商家住宅，多爲水泥洋房，昔日面目全非，而今繁華堪羨！

大伙在此用畢早餐，旋即登車再度出發。由此深入山區，據說前途尚有七、八十公里之遙。

車行十九公里，霧台鄉赫然入目。按霧台係魯凱族山胞聚落所在，當年考察過此，尚屬保留原始風貌完整的土著社區，而今日隨文明以俱來，原始風貌亦阻擋不了文明的洗禮，但見華夏處處，新式建築取代原始石屋、部落聚集，熱鬧盛況，較之山地門不遑多讓。台汽公司爲方便山胞出入，在此闢有山地門至霧台鄉公車路線，據說一天三個班次，對於深山土著確已開了方便之門。可惜，卡車趕路，未克在此逗留，過門不入，不無憾焉。

過霧台，濃郁的山地風情漸可嗅及，而原始質樸的自然景觀，盡入眼底。崎嶇曲折的山路共相，越顯鮮明。八公里連續彎路的路標，接連出現了幾次，使人觸目驚心。坐在敞篷的卡車上，飽覽群山雄壯幽麗景色，彌足陶醉；惜乎山路崎嶇車子上下跳動，坐骨撞擊冷硬的墊木，撕裂之痛、僵麻之感，眞的是別有一番滋味在心頭。

由霧台到小鬼湖登山口，還有將近六十公里路程，都是寬約三、四公尺的產業道路，完全盤旋在青山的山腰上，蜿蜒緩昇。比起往日高山卡車林道，這一段路況，其實，還算不賴的。據說此路爲一林姓企業家，專爲運送小鬼湖旁知本主山的雲母礦而開闢。沿途迭見築路工人，敬業精神，令人起敬。當我們經過艱苦的三個多小時顛簸山路，好不容易來到他們採礦的第一工寮時，突然獲悉前途山崩路阻，兜頭一盆冷水澆下來，大伙一下子楞在那裡，進退兩難。最後還是年輕的隊友堅持闖關，我們雖勉強附議，心實忐忑，硬著頭皮跟進。誰想天無絕人之路，將抵山崩處，一位摩托騎士迎面而來，大伙停車暫借問，欣悉崩石已由彼清理妥善，車子可以暢通無阻了。天降神兵，山友利賴。而私人企業的高效率表現，亦自有其成功的背景在。

順利通過山崩處，大伙心中一塊石頭落地，精神亦爲之一振。雖然已經擺蕩了四個多小時，至此反無倦意；也許目標在望，一種望梅止渴的移情作用吧，這餘下的曲折彎路，便在大伙亢奮的情緒中輕快度過。對對手錶，剛好十二時三十分，已經過午時分了。計自山地門上車至此，足足耗了五個小時，倘自昨夜台北出發算起，則車上勞頓已不下十二個鐘頭。雖精神仍極興奮，而形體則大有困頓之狀。

四

登山口附近，有他們採礦的第三工寮，寮前一片廣場。此地海拔將近二千公尺，微有寒意而不至令人瑟縮。大伙就地解決了午餐便當，卸下行囊精神鬆懈下來，反而失了勁。各人就地午寐，工寮內，廣場上，橫七豎八，好一幅隨遇而安的景象。

而我們那顆螢光幕上閃亮的星星，羅家兄弟一副氣定神閒的樣子，不改其螢幕風趣本色，自備茶具茶葉，請他兄嫂品茗，岳友沾光，也消受了不少。茶餘又跟他東南西北大擺龍門，上天下地瞎蓋一番，眞箇是此情只應天上有，人間那得幾回見？盛事躬逢，幸何如之。

正當我們陶醉在茶香、笑語、樂以忘憂之際，載人的卡車一部部接連而上，初尚不以爲意，誰料隨著暮色降臨，上來的車子，竟然排列成串，車陣固然壯觀；而陸續登臨的年輕山友，手腳俐落，三兩下都把營帳搭起，五顏六色，令人目爲之眩。等我們警覺到情勢不妙，爲時已晚，除了工寮內一小間寮舍，幾經交涉勉強獲允入宿，可容納二十餘人，其餘動作慢的幾無立錐之地。原僅容納七、八十人的寮房，據估計今夜不速客不下五、六百位。工寮內，廣場上，有限的空間，早被搶佔一空。我們這些只顧喝茶聊天的，晏起的鳥兒沒有蟲吃。尋尋覓覓，最後纔在卡車後座上，勉強擠得一席之地，也算聊勝於無了。

五時過後，夜籠深山，寒意漸重，闃黑中憑著手電筒餘光，大伙草草用畢嚮導準備的大鍋飯，便各自躲進睡袋養精蓄銳去也。

五

朦朧中，起床哨音頻吹，難挨的一夜，總算挨過去了。循慣例，也還是三時起床，摸黑著裝、早餐。四時整，全員到齊，在領隊的引導下，一字縱隊往小鬼湖方向出發。

由登山口上去，一個接一個，埋首邁步，除手電筒一束亮光，四周一片漆黑。據說到小鬼湖全程僅約六、七公里遠近，上下落差亦不過百餘公尺而已。按說，如此路程，在岳友看來，簡直就是小事一樁嘛，根本不看在眼下。殊不料「事非經過不知難」，這一路上，坡度雖非陡峭，而沿途老樹林立，樹根蔓衍，路基濕滑，稍一大意，便有摔跌之虞。尤其那快腳的福利會林芳玲小姐，走在前頭，不時的發出：「小心！路滑！向左靠！往右移」等警告，我們這些落後的原已小心翼翼，黑暗中再遭她不斷的善意騷擾，陡然增加幾分恐怖的氣氛，簡直就是步步驚魂嘛。

好不容易攀上一座山頂，原以爲目標在望，誰想前人仍無止步訊息。越過山頭，峰迴路轉變成了由上而下，一直下臨溪床，有一段斷斷續續的溯溪路。幾位初登高山的菜鳥，未著雨鞋，一路喊苦不迭，到得溪底，形勢一轉，還得往上攀登，如此上上下下，水複山重，大約經過了三個回合工夫，纔走出了這一大片森林，由遠處山邊透露出來的曙光，告訴我們這一次不會再是狼來了，而是確確實實地走到地頭了。看看手錶，剛好六時十分。由黑暗走到光明，整整耗時兩個鐘頭有餘，看似平凡最奇崛，纔不是小事一樁哩！

走出森林，是一片綠意盎然的草原，由草原下望，傳說中神秘兮兮的小鬼湖，正脫去了她神秘的面紗，以其眞面目，一派安詳的橫臥於群山之間。估計其面積不到二平方公里，湖泊屬彎月形，要不是未受污染的雨水造就了她清澈的湖面，論其規模氣派，實在還不如新店的碧潭哩。「未至千般恨不消，及至到來無一事」，大凡天下名勝，耳聞不如目見也是屢見不鮮的事。不過，小鬼湖以其遠距平地百公里之遙、由海拔二千公尺高群山環拱形成，遠離塵煙、人所難至，自然形成的一股神秘氣氛，亦自有其足以引人之處。看看環抱的群山，叢生的榕樹、柳杉和闊葉樹的高山林木，蔚成的一片青翠生趣，卻遠非碧潭的人爲俗氣所可企及。

據說，由於高山水氣蒸發，隨風飄移的山嵐，使小鬼湖的景物變化無常；每當白霧般的山嵐籠罩湖面與山崗的時候，小鬼湖的面貌就像蒙上了一層面紗，益增其神秘感。我們到得巧，適逢朝陽初昇、天朗氣清，小鬼湖以其眞面目相示，讓大伙飽覽秀色，一親芳澤，總算不虛此行。而當我們拍照留念、揮手作別之際，山嵐已經起自峰間，飄移而下，湖的彼端漸漸籠罩在一片白茫茫之下，疑幻疑眞。只可惜受行程所限，不能多作停留，未能一覽她詭譎多變的迷離幻景，微有憾焉！

六

往日攀岳，大伙都有「上山一條蟲，下山一條龍」的經驗，而今日小鬼湖探幽，三上三下，往返形勢相埒，上山固然吃力，下山卻也輕鬆不到那裡去。一往一返，總共耗時五個鐘頭，些許便宜也佔不到。

回到第三工寮，稍事休憩，整妥行囊，我們隨先鋒嚮導安維有、林信陽兄跳上第一部卡車於十時整先行開拔，循來路下山。十一時半下抵第一工寮。兩位嚮導借地舉炊，爲大伙準備快速午餐，我們則好整以暇，一副飯來張口的架勢。誰想第一鍋香噴噴的麵條才端出來，而第二部卡車適時趕到，眞應上來得早不如來得巧那句話。說時遲，那時快，但見大伙如過境蝗虫般，三兩下便見鍋底朝天。緊接著第二鍋、第三鍋，連掃把夫人羅大嫂子額外準備的幾大包蘿蔔乾、花生米、小魚乾等小菜也都一掃而光。山中纔一天，大鍋麵也成了珍饈，有道是飢者易爲食，洵屬不誣。等第四鍋又出來時，情況就冷落多了，文明人的禮讓之風再現，果然是衣食足而後知禮義也。

祭罷五臟神，士飽馬騰，氣象大是不同。再上車，神充氣足，但見群山環繞，蒼蒼橫翠，偶而老樹槎牙，突出山岩，山澗瀑布、臨空飛瀉，國畫中的山水意境，使人忘返。

而午後高山、氣候不穩，時而山嵐飛降，群山茫茫，卡車飛駛，如在雲中；時而陽光乍現，霧氣消失，水秀山明，令人贊嘆不置。

二時半，抵霧台，有重返人世之感。三時半到山地門，道路正在拓寬與維修，卡車過處，黃土飛揚。抵屏東時，車上人兒個個灰頭土臉，眞的是塵滿面、鬢如霜，你儂、我儂，盡付一笑中。

換乘來時遊覽車，五時整由屏東北返。七時半抵虎尾，享受一頓色香味俱全的大餐。感謝信託處林科長哲勝兄週全的安排，還有他故鄉至友許坪先生夫婦的盛情款待。隨大伙遠征歸來，許先生忒也客氣，一定要盡地主之誼，加菜不說，啤酒全部請客。在賓主盡歡之下，我們幾位酒將，總共為公賣局推銷了五十九大瓶的啤酒。海量固然令人咋舌，但強飲猛灌的後遺症，上車不到三十分鐘便顯現出來：由於水庫爆滿，不堪負荷，明知高速公路不得隨便停車，也只好一再懇求司機救急，洋相大出，舉座哄然。

而此後，微帶醺意的社長，突然雅興大發，拿起麥克風高歌一曲、唾沫橫飛，還逮住機會，硬是要黃金拍檔的節目主持人、我們那位羅家兄弟，即席獻藝。卻不過社長的堅邀與岳友企盼，最後他以一首「愛的路上我和你」祝福同行山友，意味深長，令人感動。而富有磁性的繞樑歌聲，行家一張口，便知有沒有，果然不是浪得虛名的。

笑鬧聲中，車子於子夜一時駛進北市，想此行往返近千公里，車行數十小時，寢不求安、食不求飽，只為的一探小鬼湖幽秘。儘管「到來無一物」，總算「千般恨已消」。

正是：都云山友痴、誰解其中意？聰明的，您認爲？

中信通訊一七一期七九、一、一

碧海青山花東行

一、秋季健行

亞熱帶的台灣，春天多雨潮濕，夏天炎熱難耐，冬日又是風風雨雨，雖然也各擅勝場，畢竟惱人風雨，不宜於野外活動者多。只有秋天，雲高氣爽，空氣乾燥，既非雨季，又無寒流和颱風，且也金風送爽，桂子飄香，想那郊外楓槭漸紅、蘆葦飛白、秋花點點，一年好景，正是結伴郊遊的好時光。

中信山岳社經過幾近半年的沈寂後，選定這大好秋光，由社長戴文芳兄領隊，副社長羅盛鍔兄暨總幹事林信陽兄押陣，舉辦了一次花東海岸健行活動。在海的呢喃與山的呼喚下，讓我們這些忠實的岳友，圓了一次美麗的山水之旅秋遊綺夢。

但也許是「人往上爬」的習性使然吧，這般公路健行的路程，對已習慣於攀岳經驗的老山友，似乎起不了共鳴。於是隊伍裡，除了公保處蔡襄理文欽伉儷、業務稽核處的陳科長照雄暨調研處的張科長瑞芳兄幾位外，遍覓不著往日同攀高山的老友記們，難免不無人面桃花之慨。好在老鳥不來，菜鳥則滿天飛，新血加入，陣容更見壯盛。君不見業務稽核處的曾處長、貿易處的蔡科長耀如、儲運處的林科長錦堂還有秘書處的李玉蓮小姐暨其他單位似曾相識的年輕同仁，都是高山活動中的稀客。就連筆者也請出了多年來患難與共難得偷閒出門散心的老伴，還有她的四妹暨摯友明珠，一群娘子軍，七嘴八舌，盛況較之往日攀岳，還眞是不遑多讓哩！

我們的行程是：十一月九日夜半出發，十二日萬家燈火裡北返。整整三晝夜，秋水長天，結伴遨遊，算得是人生一樂！

二、美崙之晨

依照往例，山岳社憑其多年的服務熱誠與不凡公關，硬是在一票難求的北迴鐵路，包得一節車廂。五十幾個座位，即使是深夜的莒光號，仍然不是一件稀鬆平常的事。

車廂裡到處是山水同好；老相識是親切的寒喧，新面孔則是彼此會心的一笑；儘管天不作美，車廂外秋雨如絲愁煞人，裡面倒是溫語解顏樂開懷。車子開出台北，在規律的振盪中，斜倚踻坐兩不安，睡蟲襲來，氣息漸穩，座位上幾次翻騰，迷離恍惚中，火車把我們送到了仍在睡夢中的花蓮。希望她誤點，她偏開快了，預計清晨四時到目的地，偏偏提早了半個小時抵達。事先雇妥的遊覽車，遲遲未見前來，還是機伶的社長暨總幹事在偌大的車站廣場深處覓得芳蹤。原來司機陳先生也是昨天深夜自台東北上，守候在車站廣場，一時大意竟睡過了頭，要不是領隊機警，我們恐怕還有得耗的。

秋深露濃，雨霽風寒，大地未醒，苦無去處。領隊急中智來，先安排大伙到車站附近公園的游泳池，藉地漱洗方便，也邀得當地晨泳會首肯，讓包括筆者在內的幾位早泳同仁，得以一償戲水之願。待諸事停當，已近五時，匆匆上車，黑暗中往市郊的美崙方向駛去。

夜靜人稀，車行順暢，五分鐘後即抵山下。山不甚高，地卻不熟，藉著道旁路燈，微弱的亮光，拾級而上。未幾，但見周圍人影幢幢，樹影婆娑，山坡上、樹影下，三三兩兩都是早起運動的老年人口，儘管相逢不相識，但一聲早安，拉近了彼此距離，親切多了。再往上爬，天色漸曉，晨曦初透，林間朝露，晶瑩閃爍，清新的空氣，令人透體舒暢。正陶醉間，突見前頭隊友停下了腳步，趕緊趨前探視究竟。但見露天的平台上，依地形地勢，在各個角落，分別站著一、二十位老先生與老太太，正聚精會神一個口令一個動作、整齊劃一的作著一種扭腰擺臀拉手踢腿的健身操。好奇心的驅使下，我們也跟著依樣葫蘆比手劃腳一番。約二十分鐘，下操休息，老人們紛紛向前致意，並堅邀入座共享他們的茶點。愉快的神情、輕鬆的言談、親切的態度，直使人有賓至如歸之感。他們的高齡都已在七、八十以上，但個個筋骨強健，了無老態，據說都是拜每日清晨上山比劃練操之賜，十餘年如一日，果眞是自強不息的好榜樣。

要不是天色大曉，領隊催喚，沈醉在茶香暖語中，我們幾乎忘了此地何地。依依作別聲中，結束了溫馨親切的美崙清晨之行。揮手自茲去，蕭蕭班馬鳴，明日隔山岳，世事兩茫茫，我們虔誠祝福這一群可親的老人，永遠健康快樂。

三、海岸勝跡

從美崙下山，趕赴花蓮市一家以扁食著稱的液香扁食店，享受一頓別緻的早餐。據說該店以蔣故總統經國先生的一度光臨而聲名大噪，領隊盛情，大伙心領之餘，或許是衆口難調，感覺亦不過爾爾也。

餐畢上車，花蓮仍是一片安靜，沒有噪音、沒有喧嚷，在寧靜而怡悅的氣氛下，踏出健行的第一步。

八時整，駛離市區，直奔沿海而築的海濱大道。大道盡頭爲花蓮大橋，大橋橫跨花蓮溪。過了橋，花東海岸公路的海天之旅，於焉開始。一路南下，左側爲神馳已久浩渺無涯的碧波大洋，右側爲綿綿亙亙的海岸山脈，道路忽而縱行山谷，忽而伴海共行，頗有柳暗花明又一村意境。

約二十分鐘後，抵達一處叫林家花園的濱海公園，下車休息。或至海濱檢點石頭或至公路石側山丘上背山面海的和南寺禮佛禱拜。該寺正殿奉祀釋迦牟尼佛，殿宇造型樸實無華，由此遠眺蔚藍的大洋，近觀稻田青蔥，田園海景相映成趣。

由和南寺南行十餘公里，道經名爲水璉的海岸小村，波濤洶湧的海岸英姿，處處可見。又經數公里，在蕃薯寮坑一座紅色美麗命名十八號水泥橋下車，輕裝步行。道路隨山勢盤旋升降，舉目所及，都是青山翠巒，一路行來，怡然自得。待走至一迴頭彎處，驟然竄出一方藍海，美麗絕倫的沙岸，以圓弧形迤邐而去，看輕柔的浪花拍打沙岸，不禁有捲起千堆雪以及浪淘盡千古風流人物的遐思。

一個多小時後，遊覽車隨後趕到，初試腳力，淺嘗輒止。再度上車，直奔前程。經豐濱抵另一處令人嚮往的濱海勝景——石梯坪。

該處已規劃爲風景特定區，正積極建設中。沿著海濱所闢建的海邊步道，頗有引人入勝之妙。大伙在此多作停留，或觀賞奇岩怪石，或登臨突出地面奇形怪狀的珊瑚礁，看浪花起伏，聽拍岸濤聲，直令塵慮盡滌，雜念不生。

在領隊的哨音下，再往前奔，時已晌午，車子飛馳，直趨八仙洞打尖。飯後有較長的時間，隨意遊賞。

按八仙洞，地屬長濱鄉，據說爲「長濱文化」的遺址。標高一百五十公尺，大小洞共有十四個之多，登臨其上，遠眺太平洋碧波蕩漾，一望無際，景緻的是燦爛。惜今夏橫遭風災之厄，十九崩圮，目前僅剩基座第一洞——靈岩洞，可供遊客賞景休憩，頂禮膜拜。該洞洞內奉祀觀世音菩薩，洞外石壁上懸掛「禪宗十牛圖」，以失牛、覓牛、得牛、忘牛……等十圖，隱寓失道、覓道、得道、悟道乃至返璞歸眞至理，頗富禪機。遊人至此，果能勘破深意，當可名利兩忘，率性歸眞矣。

離開八仙洞，輕車熟路，經長濱抵三仙台。

三仙台位於海岸山脈的東南側，已屬台東縣境，以海中三座突出的岩礁，相傳呂洞賓，鐵拐李、何仙姑下凡於此而得名。弧形起伏的跨海大橋，外觀頗似紅色壯麗的關渡大橋。車陣與人潮擁擠，濤聲共攤販爭鳴，吵雜熱鬧，盛況不下於當年的十八王公。沿著沙灘，匆匆到橋上走一遭，海風撲面，浪花濺衣，詩情畫意，有出塵之感。站在橋上，看一波波海浪沖擊著岸邊的巨岩與嶙峋礁石，激起水花四濺，發出「隆隆」巨響，氣勢雄壯，頗爲壯觀。

過三仙台，原擬再度步行，嗣以司機建議必須趕在四時以前到達下一站的成功漁港，才來得及觀賞漁船入港盛況。只好恭敬不如從命，上車快行，往目的地駛去。

四、成功漁港

趕到港口漁市，果見片片漁舟，陸續返航。沒有滿載的漁獲，但您可先別失望，因爲那零星的幾條，都是動輒百來公斤重的大旗魚之類，價值不菲。市場競價有高達每公斤二百五十元仍不乏向隅者。據說此地旗魚，以其新鮮味美經調理後做成上等生魚片，向爲日人所最愛，商人腦筋動得快以之空運東瀛，獲利不在漁民之下，而能賺取外匯，也算得公私均霑其利了。

旗魚之外，另見一條千餘公斤重的長鬚鯨由剛返航的船員以網捆住，到岸邊藉輪軸鋼絲緩緩吊上。難得一見的場面，大伙一擁而上，或拍照留念、或指指點點，一時都有劉姥姥入大觀園之態。

聽罷漁舟晚唱，車子把我們帶到此地最豪華的眞王子飯店，一頓魚鮮菜香的豐富晚餐，益顯海濱小鎭之貨眞價實、淳樸可愛。

按成功係台東一個大鎭，位於花東海岸山脈的東南側，爲卑南阿美族的分佈地區，舊名新港，台灣光復後改稱今名。所在漁港，爲東海岸重要的停泊港之一，水產豐富，以旗魚最珍貴、柴魚最聞名。想當年物資貧乏，柴魚屑即曾以其特具美味而風光一時，惟時移勢異，而今物阜年豐，昔日的佐料珍品，似也隨著生活物資的充實與生活品質提高而遭冷落。當夜，走遍僅有的幾條街道，竟然覓柴魚而不得，寧非鮮事。

五、泰源行腳

成功雖係台東大鎭，但僅有的幾條街道，有限的幾家店舖，卻顯得門前冷落車馬稀。人口西移的結果，這裡就更顯得地曠人稀了。成功之夜，寧靜無華，一宿之緣，回味無窮。

此地是我們花東健行最南端據點，今夜過後，我們將折向西行，往海岸山脈的方向，經泰源到玉里去。

翌晨，車子把我們送到泰源過去的東河農場後，無法深入，只得分道揚鑣，循來路返成功經海岸公路繞台東到我們的前途富里相候。由泰源到富里將近二十餘公里的山路，則要勞駕我們的雙腳去完成。本來嘛，既以健行為名，不下車走走，實在也說不過去的。

七時半起步，領隊輕描淡寫的說只要翻過一段上坡路，便一路往下，大伙也都興致勃勃，不以為意。抬眼週遭，但見山色蒼蒼，綠意滿懷，原來我們已經置身山區，昨日的海岸風光不再，眼前的景色丕變。難怪領隊說昨天是望海的日子，今朝是看山天了。

走過一段上坡路，原以為可以輕鬆下陂了，誰想過了一山還有一山，也不知幾個上坡了，山仍高、路仍遙，領隊的話黃牛了。有幾位高山稀客，體力漸感不勝，這時才體會到山岳社不愧是山岳社，儘管社長口中稀鬆平常的路程，走起來硬是不輕鬆哩！

十時左右，過台東花蓮界，昨日自海線南下，繞了半圈，此刻走山路北返，旅程過半，這才紮紮實實嘗受到長途跋涉的甘苦滋味。前路仍遙，饑渴難耐，提早把便當解決，補充了體力也減輕負荷，再度邁步向前，居然精氣神十足。人是鐵、飯是鋼，果然一點也假不了。傳聞山區常有猴群出沒，一路行來，小心翼翼，卻久久不見猴影，未免稍感失望。

十二時三十分，距離富里尚有六公里之遙，體貼的總幹事林信陽兄疾行趕到前頭，把遊覽車接來。力竭神疲，正感無助之際，見車如遇救兵。入富里之前，車過一處山洞，左側深谷、右臨高山，形勢險要，景色幽絕，頗有大峽谷氣勢，號稱小天祥，果然名下不虛。衆人讚嘆聲中，車子緩緩駛離山區，約廿分鐘後抵富里小憩。路邊飲料水果攤上，猶如過境蝗蟲般，搜括一空。十八公里路，半日間跋涉，大軍疲累，實在也斯文不起來了。

再上車，不到一個小時便趕抵玉里，日未入而息，是眞的累了。

六、玉里歸程

玉里位於花蓮縣南端，東側爲花東海岸山脈，西側爲中央山脈，兩大山脈夾峙，中間有限的盆地，造就了玉里特有的天然景觀，四周蒼翠，有自然的形勝，無人爲的污染，名產羊羹，亨譽全台歷數十年而不墜。我們旣躬臨其地，入寶山自無空手回的道理，原已不輕的行囊，也就更見份量了。

旅程最後一夜，爲儲存明日到瑞穗一役的體力，大伙都成了準時就寢的乖寶寶了。

天亮後一切準備就緒，六時廿分上車，出鎭郊，馳騁在筆直的縱谷平原之間，左側的中央山脈與右側的海岸山脈，遙遙相對；連綿無盡的青翠高山，爲美麗的平原增添幾許山巒壯麗的風味。還來不及陶醉在這自然的風光中，車子已在一處叫松浦的山地村落停下來。才六時卅分，大伙開始輕裝步行，預計往北走到二十五公里外的瑞穗，才算完成全部健行路程，也是繼昨日泰源行腳後另一次更嚴酷的考驗。

晨曦乍透，曙色漸朗，走在筆直的花東縱谷公路上，兩側的青山綿延，沃野千里，放眼望去，瘦高的檳榔樹映襯在廣大的甘蔗田，展現出鄉間田野之美；還有椰樹、玉米田、稻田等富庶的平原景觀，更爲艱辛的旅程，憑添幾許心靈與視覺上的享受，減輕不少肉體上跋涉之苦。

伴著椰影婆娑、稻田翠綠還有迎風生姿的花草，我們一路走去，竟了無倦意。走過幾個山胞社區，也經過幾座山地中、小學，現代化的建設、厚植教育之根，明天必然會更好。

時間一分一秒過去，距離終點也越來越近，不知不覺間，長虹臥波的瑞穗大橋已然在望，這座秀姑巒溪泛舟起點的拱式長橋，一線橫臥，看來格外親切。因爲看到她，瑞穗就已經不遠了。而遊覽車也隨後追來，算算里程，已經走過二十二公里，僅剩的三公里，爲節省時間，只好由車子代勞，勉強通過考驗，有一種完成任務的自豪。

瑞穗太平洋泛舟公司的黃老闆夫婦，與岳社幾位幹部都是多年老友，爲人豪爽好客，據說此行食宿悉賴他們安排，耗時費事不說，就午餐的豐盛，更令人感激。自製昂貴的虎頭蜂酒，讓大伙既飽且醉，一席盛宴，多日來行役勞頓，爲之盡去。

然而「錦城雖云樂，不如早還鄉」。闊別台北三日，囂塵洗盡，旅程終站，卻也禁不住歸心似箭。萬家燈火中重返台北，溫馨之感油然而生，畢竟自己的狗窩還是可愛的，至於花東的山水之情，留待慢慢回味吧。

中信通訊一七七期八十、一一、一

合歡攀過雪花飄

一、高山的呼喚

自從玉山、雪山歸來，光陰匆匆，似水年華又悄悄溜走了不少歲月。瑣屑牽纏，碌碌餘生，擱下仰攻高山的身段，未彈此調既久，不無髀肉復生的感嘆。遙想那清山秀水，千巖萬壑，還有長林豐樹，琪花瑤草的世界，輒令人心嚮往之。而內心深處，亦時時吶喊著，重返那天蒼蒼，野茫茫的地方，看雲水飄飄，念天地悠悠，心胸廓然一清，渾然忘我的境界，更爲之悠然神往。是高山的呼喚，大地在招手，中信山岳社的「仁者」們，豈能不有忻然心動，腳癢難熬的感覺乎？

果然，縱走合歡群峰的公告纔一貼出來，愛山的朋友便奔相走告，不數日而兩部遊覽車的名額已滿，動作慢的，只好下回請早。

合歡美麗的高山風光，早已名聞遐邇，寒冬銀色世界更是寶島奇景，再加上交通的便利，遂成爲旅遊的主要目標。但中信山岳社此次活動既以縱走合歡群峰爲名，顧名思義，自非一般旅遊可比。所謂群峰也者，據說包括了北峰、西峰、東峰、主峰及石門山五座標高在三千公尺以上，名列百岳排行榜的高山。戴社長文芳兄計劃以兩天的時間，縱走群峰，一次完成攀登五岳壯舉。

行前於石碇、木柵間的筆架連峰縱走與內湖群山縱走，兩次郊山腳程訓練，行程都在二十公里以上，以小見大已經可以體會到面對的合歡群峰，必然是一次嚴酷的考驗。

然而，畢竟合歡盛名，魅力十足。除了一些高山活動的常客如：人事室的莊副主任清隆、祁科長順年伉儷、業務稽核處的陳科長照雄、張科長瑞芳、許稽核政國、信託處的林科長文雄暨公保處的蔡襄理文欽伉儷、許專員周珠之外，更引來一大群新面孔；就中以人事室的徐主任博志初攀高岳，穩紮穩打，不畏艱難，共襄盛舉，最爲引人矚目；而購科處由賴專員耀鐘兄帶頭的十幾位年輕男女同仁，活力充沛，青春有勁，更爲全隊生色不少。其他如退休的老鳥王玉樹、菜鳥鄭賢舉父女，還有一些局外的朋友，組成的份子，說的上繁多，成行的目標，則頗一致。

隊伍於七十九年十一月三十日下班後動身。兩部台汽公司新型的中興號大客車準時佇候於總局大門前，亮麗寬敞，甚獲好感。據說還是透過服務於該公司的洪俊勳兄大力幫忙才順利租到。洪兄也是老山友，幾乎無役不與，魁偉的身材，配上時髦的短熱褲，一身鮮明的打扮，凡我岳社老友，相信都不會陌生的。

七、八十人的隊伍，一身齊全的攀岳裝備，五顏六色，奇裝異服，固然令路人側目，而候車空檔，各就發下的便當，席地解決，一副逃難衆生相，更令人忍俊不禁。幾位因事不果行的老岳友，還有難得缺席一次的金掃把羅盛鍔兄和他的掃把娘子，到車前殷殷送別，深情感人。掃把缺席，此行眞是失色多矣！

二、夜半投埔里

由於人多裝重，陣容壯盛，擊鼓三通，大軍猶未到齊。稽延至再，足足晚了一個小時，始於六時三十分左右，緩緩駛出台北市。適逢下班顛峰時間，又值交通黑暗期，經過一番掙扎，躋上高速公路時，大伙半已進入閉目養神狀態。

領隊戴文芳兄，拿起車上麥克風，道過晚安後，把此行攀岳大要暨注意細節，一五一十道來，婆心苦口，令人感動。夜色漸濃，車子在沒有阻塞的高速公路飛馳，感覺上暢快極了。抵泰安休息站，短暫的解放後再上車，仍然由彰化下高速公路，取道芬園，寬敞平直的馬路，夜靜人稀，車去如飛，十時半抵埔里。

每次經臨這個因攀岳而結識的山城，都是來去匆匆，但藉著它的充電，每次都讓我們順利達成任務，凱旋歸來。因此，對這個似熟稔實陌生的小鎮，都有一份難掩的親切感。

仍然投宿在第一旅社。老規矩，新規定，把個山岳社的戴社長還有幾位嚮導，忙得團團轉。等把七、八十人的床位分配妥當，距離翌晨三時起床的時間，已經不到四個小時了。然而消夜一刻值千金，何況埔里別後已多時，把握就寢前難得的片刻，吆喝了幾位同好，往夜攤上趕去。

前度劉郎今又來，不見去年小店門口的鐵籠，也沒有籠裡黑熊的影蹤。昔日過山城，視山產爲珍饈，自閱報載台灣各項山產，都具有傳染人類疾病的潛力，已經放下屠刀，不敢再妄逞口腹之慾。然而小店門口「薑母鴨」的霓紅燈招牌，卻深深打動我們的心。小時候每年冬至夜，闔家團聚夜半進補薑母鴨的溫馨情境，一時都到眼前來。往日已矣，來者可追：今日消夜，舊夢重溫，情趣盎然。況且三五岳友，老鳥共菜鳥同歡，鴨肉與酒香四溢，新舊聯誼，水乳交融，忘形之樂，又豈是台北桎梏式的生涯所可得？耳熱酒酣，未醉先醺，幾已不知今夕復何夕矣！然而天下沒有不散的筵席，況且明日復行役，海拔三千公尺以上的合歡群峰，尙有賴我們以充沛的體力與精神去征服，雖然僅剩短短的兩、三個小時，床，還是蹺不得的。

三、北峰、西合歡

似睡未睡，迷離恍惚中，起床號響起，縱有百般不願，也不得再賴床上。看大伙個個精神抖擻，更不敢後人。四時不到，全員分乘三部卡車，在黑暗中，再度告別匆匆聚散的埔里，向山的那一邊駛去。

秋末冬初，露冷風寒，敞篷的卡車，顛簸爲勞，大伙坐擁成堆，睡意未消。起伏動盪中，肢體痠麻，坐立兩難。初始的新鮮感，不到半個小時，已化爲困頓的折騰。黑暗中，清境農場過去，多霧的霧社也被拋在後頭。所幸，霧社過後，天空清爽，繁星滿天，重睹睽違已久的燦爛天象，精神爲之一振。

五時三十分，晨曦乍透，曙光初現。過翠峰，進入三千公尺左右的高山地帶，冷意逼人，大伙紛紛披上禦寒的羽毛衣，瑟縮奮戰中，經昆陽、武嶺，六時半不到，大軍安抵名滿中外的松雪樓。

用過早餐，把重裝移卸於合歡山莊，各攜乾糧、背包重上卡車，過克難關抵合歡山北峰登山口。經過一夜半天的奔波，主戲這纔正式登場。據說縱走合歡群峰，以西峰最具難度，而北峰則爲登西峰必經之途。領隊安排今天的行程是先登北峰再攀西峰，往返預計十幾個小時，是此行重頭大戲。

北峰登山口，海拔二九四〇公尺，位於克難關往大禹嶺的中途路側。仰望山頂，雲深不知處，好在山徑明顯，滿山箭竹淺草坡，高山景觀，別具幽趣。一些年輕的菜鳥，有如初生之犢，奮勇爭先，憑著他們的體力與速度，很快的消失在箭竹林中。我們部份老弱穩重的相差一步，漸漸的被拋在後頭。金掃把羅兄缺席，領隊殿後護衛，心情篤定不少。但高山稀薄的空氣，呼吸原已吃力，而一路上昇的坡度，鮮有緩衝之區，不出半個小時，已漸覺喘息爲難，更糟的是胸口窒悶，頭部微暈，明顯的高山症乘隙襲來，看著幾位相憐的同伴，臉色泛白，舉步維艱之狀，彼此相顧，慘然一笑之餘，深恐言多傷氣，只得作勢互勉，默默前行。而看不到前人的形影，也有一種被拋棄人世的恐懼。

一個小時後，幾個起伏的山坡過去，估計海拔已在三千二百公尺以上，幾處和緩的山坡上，低矮的箭竹與芒草遍生其間，空曠的草原，美麗壯觀，駐足四顧，賞心悅目之餘，氣息漸穩，精神轉佳。再過半個小時，約當九時之際，已經可以很清楚看到山頭上矗立的巨型反射塔。據說繞過它，北峰就快到了。因此該塔便成了山友們最明顯的辨認標誌。

果然，由此偏西北行，通過寬廣稜線上景緻甚美的淺草區，十餘分鐘便抵達今日攀岳的第一個目標，標高三四二二公尺的北峰之巔。

還來不及喘口氣，就聽說先頭部隊業於九時再度出發，往攻第二目標——合歡西峰。也聽說合歡群峰，由於交通的方便，其中石門山、主峰等以前山峰疊巒，坐峙一方的高山，都已一變而爲探手可及的小山崗，只有西合歡山，離公路最遠，也最不爲「文明」所污染，而行程之遙，由北峰西行，單程一趟需耗四個小時，再回頭越北峰下山，簡直就成了天文數字。一座北峰，已把我們累得上氣不接下氣，壯志銷磨殆盡。一之已甚，豈可再乎？於是殿後的一群，有半數以上都在知難而退的情形下，到此爲止，掉頭而返。偏偏人事室的徐主任雖係菜鳥首航，卻擇善固執，加上老將如公保處的蔡襄理文欽也不甘退卻，說不動他們，勸人反被勸，到頭來只好把心一橫，拼卻一把老骨頭，捨命陪君子冒險走一遭了。在領隊一聲令下，我們這殿後的老爺隊，於九時四十分出發，往西邊天際，遙不可測的雲天深處取經去也。

但說也奇怪，不知是經過北峰磨鍊後，已漸適應高山狀況抑或過北峰後，幾片淺草如茵的緩斜山坡，風光特佳，令人神清氣爽，滿以為艱苦特甚的征程，起初的感覺，竟然較初登北峰順暢。但越過兩座緩斜山頭後，有一大段七、八十度幾乎垂直下降的陡坡，地滑勢險，走起來就大感辛苦了。時時要攀扯枝幹借力，好不容易，下了一坡又一坡。在既密且粗的箭竹林內鑽行，水複山重，時而暗無天日，路跡模糊，悉憑直覺，手腳並用，摸索前進；時而豁然開朗，柳暗花明，其間芒草與箭竹密集，雜樹交錯，若非身陷其境，實難想像穿越之困難。斯時也，才體會到為什麼一般岳人大都談西合歡而怯步，果然有他的道理在。

一路走去，又是陡坡，又是亂林。翻越了五、六座山頭，穿越了夾在連峰之間的三道箭竹密林，有一股身陷深山、遠離紅塵的感受。而古木幽境，千山為伴，更有一種遺世獨立的孤傲與自得。

行行復行行，饑寒交迫中，最後才找到那個矮了一截的箭竹平坡山頭上的三角點，標高才只三一二二公尺的西合歡山頂。時間剛好中午十二時卅分，較預定的行程提早了一個小時。儘管一路艱辛，此時則意志昂揚。回顧來時路，酸甜苦辣，齊湧心頭，大呼過癮不已。登山之樂，莫過於是了。

山頂上拍照留念，拜天氣晴朗之賜，視野良好。但見四圍高山景觀豐富，東邊的奇萊連峰及合歡東峰，層巒疊嶂，層次分明，氣勢磅礴，西邊山下，福壽山農場與梨山屋舍綽約可見，北邊天際，綿綿層層，氣象萬千。四圍群峰環繞，益顯西峰之遺世孤立，遙不可及也。

匆匆用罷隨身攜帶的乾糧，在先鋒部隊開拔後，我們這殿後的一批於午後一時也上了回頭路。往日攻頂下山，都是一條龍似的追趕跑跳碰，一路飛奔而下，但此番西峰惱人，下山其實還比上山難。因爲自北峰西來，雖然中間起起伏伏，畢竟總是自高而下，而西峰返北峰，下山其實是往上攻。攻呀攻的，美麗的大草原，一個接一個，想當年攻頂玉山途中初見八通關大草原即驚爲天人，如今相較之下，簡直是小巫見大巫了。美麗的大巫，令人陶醉，但歸途漫漫，遠路愁日暮，只好咬緊牙根，趕呀趕的，三個半小時過去，纔重睹那座挺立山頂的巨型反射塔，北峰在望，精神爲之一振。

繞草原，過北峰，暮色逼人，鬆懈不得。拿出看家本領，此後一路飛奔而下，不到一個小時，飛抵登山口，頗以功夫了得、寶刀未老自豪。誰知打聽結果，原來攻頂西合歡的三十二員大將，除我們落後的一群，都已提前完成任務。就連早晨仰攻北峰落後的蔡襄理文欽兄，也後勁十足，後來居上，以第七名的優異成績，比我們早半個小時下來，看他氣定神閒的樣子，不禁暗呼慚愧不已！

五時卅分，全部攻頂人員，安然返防。超水準的演出，自領隊以下，都覺欣然。登上事先約妥準時來候的卡車，返回合歡山莊，受到其餘隊友英雄式的熱烈歡呼。緊接著嚮導安維有先生、林信陽兄把準備週全熱騰騰的飯菜擺出來，一陣虎嚥狼吞，元氣恢復大半。但山莊夜冷，既冷又硬的榻榻米上，半夜翻騰，輾轉難眠，眞是苦煞人也。

四、雪花飄東峰

黑暗中，哨音響起，不眠的人兒如獲綸音，早起早得救也。早餐桌上，幾位機警的隊友發現新大陸似興奮地喊著：「下雪了」！初猶置疑，隔著玻璃窗往外看，地上零星的幾片白，已經有些心動，及至有人到門外地上捧了些像碎鹽似的東西來，有物爲證，大伙圍觀證實無訛，這纔紛紛叫好。這回合歡山果眞下雪了，這千載難逢的機緣，被我們撞上，得來竟毫不費功夫，果眞的是來得早不如來得巧也，想去年咱們爲賞雪專程上合歡，結果是合歡跨過雪無痕，掃興而歸；今遭純爲縱走合歡群峰，卻意外碰上瑞雪飄降，眞的是無心插柳柳成蔭，不亦快哉！

五時整，室外冷意森森，雪花飄不停。領隊毅然決定仍照預定計劃，先行攀登合歡東峰。於是，一聲令下，不畏風雪的一一報數，緊緊挨隨，在年輕的嚮導黃慶鴻兄帶領下，個個精神抖擻，邁開腳步，由海拔三一〇〇公尺的松雪樓後上登。

合歡東峰，標高三四一六公尺，與松雪樓落差三百餘公尺，坡度尙屬平緩，無奈四圍漆黑一片，冷風呼嘯，雪花撲面，憑藉手電筒微弱的亮光摸索前進，即使小心翼翼，亦難免步步驚魂。雪花不斷，漸漸的，衣帽背包都積了一層白，昏暗的山坡步徑，也現出一條狹長的銀色帶子。踏雪前行，既富詩情畫意也無迷路的恐懼，苦的是前人跨過的雪跡，冰化迅速，很有濕滑之虞。努力往前趕，希望掙第一。

天色漸亮，天空仍然灰黯，四周景物，矇矓隱現。幾次都說快到了，但到得山頭上望仍有山頭，峰峰相疊，不知何者爲是。

六時整，天色大亮，氣力稍竭。風寒料峭中，奮勇爭先，越過先鋒之前，登上雪花飄飛的東峰之頂，看不到三角點的基石，也沒有拍照留念的雅興。但見山巔飛白，樹枝晶瑩，美則美矣，怎奈風雪山頭，呼嘯之聲刺耳，兼以地滑難行，戒念陡生，還是早早下山爲妙。

下山自然要比上山容易，起初擔心的冰雪地滑，也因東峰而下，滿山青黃色的矮箭竹，尚未爲雪花掩蓋，偶而假道其間，可無滑跌之虞。而興致來時，則乾脆以臀著地，藉厚雪溜滑，一路而下，難免有四腳朝天之時，而安全無虞，頓覺妙趣橫生，童興大發，就這樣一路玩到松雪樓，反而大呼過癮不止。據說松雪樓頂上，東峰和緩的山坡帶，平日矮箭竹叢生，柔和的草原景觀，一到冷冬積雪，山谷斜坡，頓成絕佳的滑雪場地。半山腰間，原有纜車設備，雖已破舊，尚不難想像滑雪期間的盛況。

松雪樓附近，合歡山莊道上，積雪已達十餘公分之深，與清晨出發時零星的薄雪大異其趣。幾部昨夜抵達的小轎車，門窗車頂均爲積雪掩住，車子的引擎也因一夜低溫而凍僵，發動了幾次，依然聲息全無。並非我們幸災樂禍，實在也是愛莫能助，看著車主人在那裡手忙腳亂的窘態與周遭飛舞的雪花相映成趣，不覺令人莞爾。

五、歸程波折多

合歡降瑞雪，雪花飄東峰，我們固然眼福非淺，但有道是福兮禍所倚，禍兮福所伏。纔下抵山莊，就傳來管理人員的警訊，告以雪阻歸途，交通恐有阻斷之虞，要我們早爲之計。平地一聲雷，領隊權衡輕重，當機立斷，取消合歡群峰僅餘的主峰與石門山攻頂行程，下令大軍速速拔營，往山下未雪地帶，候機會合卡車下山。

其實，主峰與石門山，一在歸途道旁，一在赴北峰途側，均因交通方便，蹴爾可及，原非此行主旨所在。而領受過北峰、西合歡的雄偉壯觀並親炙東峰的雪花飛舞奇觀，對於這兩座小山峰，已覺登之不武，不去也罷。何況，臨時增加的這一段重裝健行，雖然情非得已，但雪中漫步，卻也是人生難得幾回見的妙事哩！

八時整，懷著興奮與忐忑心情，匆匆就道。興奮的是此去武嶺、昆陽三公里踏雪而行，算得是一次新鮮經驗，忐忑的是果若雪花不止，卡車上不來，那麼漫漫歸途，當不知如何了局。

出合歡谷，沿著迂迴山路，緩步上昇。看雪花紛飛，想見撒鹽空中與柳絮風起的比喻，果然貼切不過。抬眼四周，銀色點綴，遠處山峰雲霧縹渺，山嵐煙漫，雲海浩瀚，醉人美景，彌令依依。轉過一個大彎，下顧山谷深處，依稀辨識陸軍寒訓中心的營舍，屹立無恙，想當年預官役中，被徵調來此接受爲期五週的寒地作戰訓練，當年雪深及膝，引以爲苦。乃時移勢異，如今見雪花而雀躍，一樣看雪兩樣情，人生際遇，造化弄人，何嘗不然。

抵武嶺，雪花間歇，天色轉晴。積雪漸化，濕滑處處，行進之間，漸感費力。過武嶺，坡度轉下，視野寬闊，不遠處兩部卡車赫然出現，司機以積雪路滑，硬是不肯冒險前進，反要我們繼續步行到昆陽相候。等我們趕抵昆陽在室外零度上下的低溫瑟縮顫抖了個把小時，兩部卡車纔姍姍調頭來遲。留守的幾位嚮導及瓦斯爐、鍋、盆等炊具，仍在山莊遲遲的等，僵持間，老闆兼司機的第三部卡車也由山下趕到，獲悉經過後，毅然開車深入接應，餘衆仍留原地守候。又過了個把小時，不見卡車回頭，倒是盼到了嚮導輾轉託人帶下來的炊具。裝備到齊，人員未全，又據說上山接應的卡車，在合歡谷附近碰到些許麻煩，恐得稍作耽擱。枯候無益，爲爭取時間，只有讓昆陽人馬先行下山到約妥共進午餐的埔里噴水餐廳相候了。

然而，漫漫歸途，波折橫生，當我們兩部車於十一時卅分先後出發，初尚順利，及過霧杜約四公里處，突然失去後車蹤影，趕緊停車觀望，十餘分鐘後，不幸的訊息傳來：車子爆胎，行不得也。眞的是一波未平，一波又起，三部卡車，三種命運，造化弄人，竟至於斯！

我們幸運的第一車，趕抵埔里已在午後二時，先行設法聯絡一切，等大致就緒，落後的兩部卡車，分別把人員、裝備送到，則已經是午後三時多了。一場原訂盛大的慶功宴，經此折騰，胃口大失，草草解決，歸心似箭。然而，你急他不急，又好等了一陣子，兩部南來多時的台汽大客車，才老大不願似的施施其來，咱們誤點在前，只得忍氣呑聲，裝聾作啞，好在上了車，台北就已經在望，還有什麼好計較的。

儘管漫漫歸程波折多，但比起合歡北峰的高曠壯麗、西峰的原始恢弘氣勢以及東峰的雪花奇景，這區區半天的波折，又算得了什麼？想到生命中又增添了値得回味的一頁，怎能不叫人興奮？爲了不使青春留白，或者老去的將來，能有豪情洋溢的回憶，偶而拋開刻板單調的制式生涯，到深山裡、高峰上，去領略一下生命的奔放，探索一番精神、意志、體力的極限，又豈一個遊山玩水、賞心悅目了得？難禁內心深處那種原始的呼喚和渴求，山，我們還是應該常去親近她的。

中信通訊一七八期八十、三、一

流水三年間　玉山二登臨

一、青山依舊在

幾回魂夢裡，青山依舊在。塵封往事，有青翠欲滴的山林、有連綿天際的群峰。而那種矗立山巔、迎風長嘯、林蔭環疊身畔，俯看腳底天下的境界，一次又一次地觸動心靈深處的記憶。儘管是繁忙都市文明中奢侈的嚮往，但偶而小別繁華，的是一種難得的逍遙。

又聽說中信山岳社要攀登高山了，魂縈舊夢，踐履有日，難免見獵心喜。及至獲悉山岳社受職工福利委員會之託，以慶祝建國八十年爲名，舉辦的是玉山縱走八通關古道等高山活動，不禁心涼半截：一來巍巍玉山，三年前早經登臨一過，八通關古道森森，前塵往事，記憶猶新，二來排雲山莊，長夜難挨，一之已甚，豈可再乎？玉山縱有千般好，也沒必要再淌一趟渾水。忍痛不與聞問，原以爲就這般棄置勿復道了。誰想他人事室的徐主任，年前菜鳥首航，勇攀西合歡後，信心與興趣俱增，不惟率先報了名，還一再鼓舞我們這些昔日伙伴，共襄盛舉；而岳社戴社長文芳兄也一旁慫之恿之，以山會友，失之可惜，於是，欲拒尚迎，半推還半就。一腳栽進來，再也難以自拔。何況，芳草碧連天，夕陽山外山，一旦親炙過，終身難忘懷。

感謝公保處同仁也是高山嚮導的徐昭明兄，於出發前夕，專程告知觀高斷崖步道坍斷，八通關古通西段暫難通行訊息。爲安全計，原擬攻頂玉山、縱走八通關古道的行程，只得被迫改由原路下山。想當年，八通關古道，半山間奔波三十公里，疲累困頓，躓踣者屢，原就不敢輕攖其艱，經此調整，顯較易與，何啻天助我也。然而，我以爲喜，人以爲忤：如公保處的蔡襄理文欽伉儷等幾位健腳，即是慕古道之名而來，驟聞古道不通，便又悵然引退。而當年同登玉山的伙伴，或遠適異邦、或榮膺新命、或心廣體胖，相聚不易，登高也難。看老鳥凋零，同申一慨，好在新秀輩出，尚足以令人鼓舞。尤其以人事室徐主任爲首，不但帶動轄下的老將莊副主任清隆與祁科長順年，勇往向前，就連一向望高山而怯步的陳科長世慧與李專員麗娜也不甘示弱。五虎將偕行，大壯行色。與之旗鼓相當的則有信託處的陳襄理隆雄、林科長哲勝伉儷、外匯處的楊科長薯王等每逢例假必結伴攀登郊山的六、七人小隊。兩批人馬加上購料處以賴專員耀鐘爲首的十位年輕男女，不論識與不識，見面三分情，老將雖日稀，新秀亦可親。山岳社不愧是山岳社，多年來，魅力未減，活力常在。眞的是「啥咪攏嘸驚，向前行」！

二、自忠夜深深

隊伍於八十年十月十八日下班後出發。距離上次玉山行整整三年，多少人事變遷，不無物是人非的感慨。所喜廉頗未老，依然有幸躬與其役，雖自慚於馬齒徒增，卻也有一份不讓後生的自豪。

五時整，全員到齊，點名上車，車去如飛。不到半個小時，已經脫出大台北的重圍，由五股逕上高速公路。上下二層豪華型的遊覽車，座位寬敞舒適，非假日的中山高速公路，車行順暢，名實相符。

七時廿分抵泰安休息站，稍事休息。再上車，大伙精神昂奮，說笑之餘，爭相傳遞零食，彷彿童年時光重現，哪像攀岳大軍，說她是玉山旅遊隊，或者更貼切。

一個小時後，抵西螺。領隊文芳兄以此去深山，夜行不便，此處小憩後，即得長趨直入，中途不再停留。想當年登玉山，夜宿嘉義「蓬萊」古客棧，就寢前，尚有一段悠遊街頭小酌遣興的時光，而此番則過嘉義而不入，深山寂寂，看來，酒蟲們今夜只好過乾癮了。

行程規畫，大軍將駐宿自忠檢查哨毗鄰民房，該處距嘉義尚有八十公里之遙，由阿里山過去，亦在十公里左右。深山夜行車，猶如行船走馬，暗潮起伏，險象環生，卒賴年輕的駕駛先生，技術高超，豪華大車馬力足，幾次急彎、幾個陡坡，都在大伙驚呼聲中，緩緩通過，一一化解。

然而，夜深深，路仍遙，都已經子夜了，自忠仍然深藏不露。阿里山在黑暗中過去，徒呼負負。又半個小時。突然，一聲歡呼，自忠到了。是的，自忠終於現身，卻已在台北啓程七個多小時的動盪顛簸後。大伙半夜勞頓，我倦欲眠，下車趕緊覓得一席下榻處，便悠然入夢急急與周公打交道去也。

三、又見塔塔加

睡夢中，被周遭走動的吵雜聲喚醒，急忙翻身躍起。纔凌晨四時卅分，隊友們多已著裝完畢，紛紛用起早餐。趕緊使出當年成功嶺身段，三兩下便也諸事就緒，分兩批跳上事先約定的中型客車，共奔前程。

昨日深夜抵此，今朝一早離去，黑暗中自忠檢查哨匆匆一瞥。海拔二千三百公尺高山，據說，白晝天晴，可以很消楚的看到玉山主峰，惜清早趕路，曙光未現，錯失機緣不無憾焉！

六時左右，抵達塔塔加鞍部。這兒是通往排雲山莊步道的起點，一般的登山隊伍，都由此仰叩玉山，是出入玉山的門戶。

又見塔塔加，別來無恙，眼前景物，依稀舊識。玉山群峰，連綿崢嶸，高臥在頂上雲端，此處已可感受原始恢弘氣勢。

據說塔塔加，原是曹族語，意謂水鹿曬屁股的台地。語雖粗俗，不登大雅，意則可愛，令人心喜。雖然我們沒能親眼瞧見成群翹起屁股曬太陽的水鹿，但如此地名，讓人覺得溫厚。想這山這水，在我們的足跡踏至前，在更早更早的年歲裡，已有生靈孕育其間，多少能引人懷思古之幽情。

聆聽領隊再一次的叮嚀，大伙緊隨在先鋒嚮導之後，揹起行囊，邁開腳步，既興奮也緊張，小心翼翼的向前走，往上攀。步道一直往上延伸，依山勢而生長的芒草、赤揚、扁柏、紅檜……在艱困的高山氣候中掙扎，用力地掙出一枝一葉，不僅綠化了大地、美化了山頭，而它們堅韌的生命力，更令人起敬。我們靜靜地沿者步道往前走，雖然看不清前面的路，但卻十分地放心，覺得自己即將成爲山裡的一株植物，飽食山露菁華。

大約一個小時後，距登山口二點七公里處，左側有山徑歧出，正是玉山前峰的登山口。前山標高三二三六公尺，僅係玉山山塊中的前衛山峰罷了。不過據攀岳老鳥轉告，坡度陡峭，幾成七十度之勢，如非健腳，恐將力有未勝。看著以會計處周桐專員爲首的幾位年輕好漢，興致勃勃，不稍停留的昂首挺進，我們幾位識相的，幾經斟酌，爲了保存實力，暗呼慚愧，不去爲上。又走了一段，但見走在最前頭的兩位年輕同事：購料處的周娟容小姐與信託處的陳樹祿兄，突然調頭急急往回趕，原來兩位一時大意，錯過前山，心有未甘，折回再登。傻勁毅力，俱非等閒，彌足欽佩。

入山漸深，感覺逐漸顯得異樣。三千公尺以上，空氣稀薄、呼吸轉艱，沿途步道狹窄又多棧道，大意不得。體力漸覺不勝，好在時候尚早，走累了，停下來，遠眺群峰、近聽鳥語，看浩瀚雲海，山嵐煙漫等美景，倒也頗覺心曠神怡。

九時許，走到距排雲山莊二公里處，「大峭壁」赫然入目，巨岩突兀雄偉，令人嘖嘖稱奇。據說峭壁係以板岩爲主並夾有變質砂岩，形成年代約在四千萬年之前，茫茫宇宙，地老天荒，與之相比，號稱萬物之靈的人類，又豈只是渺滄海之一粟而已！

過大峭壁，讚羨之不置，轉過幾個彎，驀然又見一大片垂直峭壁，危然聳立於青巒疊翠玉山南稜冷杉中。但見嶺上白雲，徘徊不定，峽谷中山嵐冉冉飄昇、幻化無窮，氣勢雄偉，山川如畫。正陶醉間，但見前頭不遠處，岩壁上赫然有「中信加油，千步上排雲」模糊字跡，據說是十年前本局登山前輩所刻，頗有親切之感。

排雲在望，但這最後的一段，半屬石階陡坡，我們已如強弩之末，力竭神疲之餘，遇此簡直就是屋漏偏逢連夜雨了。

十時十五分，一陣歡呼，驚起枝上群烏，打破深山孤寂，我們終於踏上了排雲。原以快腳自豪，誰知除先鋒安維有老先生之外，尚有公保門診中心的翁暢喜暨其好友服務美商銀行的林雪容兩位小姐，早在我們之前抵達，眞個是登高何必年少，巾幗還勝鬚眉呢！

四、西峰下排雲

趁大軍未至，祭罷五臟神，稍事休息，體力漸復。嚮導林信陽兄卻不過幾位隊友的懇求，率領十六員大將於十二時卅分，先行啓程往攻玉山西峰。

按玉山西峰簡稱西山，標高與排雲山莊同爲三五二八公尺，兩地相距僅二點二公里，因位於玉山西側而名，與東山、南山、北山均爲玉山主峰之副峰，而與主峰合稱玉山五峰。據說五峰之中，除西峰外各山都擁有雄偉的氣勢，不論山容，山勢，無不各具特色。唯獨西山平庸無奇，僅是個稍隆起的平廣頂脊，而且山頂又爲冷杉密林遮蔽，視界幾等於零，箭竹又高又密，叢生在高大的冷杉下，徒然成爲登行的阻礙。但是知其不可爲而爲之，乃一般岳友堅忍不拔爲常人所不及之處。大伙西征，也是明知山有虎偏向虎山行。

果然，一離開排雲山莊，纔踏上往西山的步道，叢密的箭竹林，便一波波的迎面而來，鑽進鑽出，不到半個小時，全身上下幾乎都爲箭竹林梢水滴沾濕。信陽兄一路的安慰大家，只消起起落落，便可抵達。殊不知一起一落之間，距離反而拉長了一倍而有餘，體力的消耗，更無論矣。

午後深山，氣候變化不定，倘或鑽出竹林之際，適逢天晴，則必視野開闊，遙望玉山主峰、北峰、清晰可見；若逢烏雲遮掩，則又頃刻霧籠深山，一片蒼茫，頓覺天上人間，盡入虛無縹緲間。一路的箭竹林與冷杉密林爲伴，此情此景，與上年底縱走合歡西峰的遭遇殆相彷彿，是否百岳名山之有西峰者，都是如此的曲折不可攀？

費了將近兩個小時，總算在無數個起落之後，找到了貌不驚人的西山頂。沒有三角點基石爲誌，山稜最高點也不易確定，倒是山頂上的一座木製「西山神祠」，頗令人稱奇，據說係日據時代遺跡，算得是全台或者更是全亞洲最高的神祠吧？

虔誠禮拜，紛紛攝影，旋即揮師東向，匆匆奔返來時路。途中，與掃把羅盛鍔兄督軍的另一起隊友相值，看彼等奮力趕路，頗有先馳得點的自豪。經打聽後，藉悉彼隊中多的是從前山趕場下來的健腳，其實，他們纔眞是貨眞價實的好漢哩！

經過一陣掙扎，返抵排雲山莊，已在午後三時半。另一起隊友則於五時左右，姍姍來歸。

五、主峰風雲變

排雲山莊。背山臨谷，白牆紅瓦，約四十建坪大小，堪稱台灣最高的旅舍。午後天晴，莊前隨意小坐，看夕陽斜照，色彩動人，高山雲層，富麗絢爛，仰視浮雲、俯瞰山谷，幾疑天上人間，令人悠然忘我。

薄暮逼臨，餘暉將褪未褪之際，東邊一輪明月已然悄悄高掛山頭。如畫美景裡，享受嚮導爲我們準備的高山大餐，賞在是難得的賞心樂事！

但排雲之夜，噩夢重演：有限的床位，超額的不速客，擁擠成堆，動彈不得，一苦也；高山酷冷，空氣稀，氣壓低，胸口窒悶，呼吸不暢，二苦也，而山上燈光不到，舉目漆黑，動靜兩難，眞眞是苦煞人也。

幾千隻、幾萬隻羊都數遍了，眼皮硬是闔不起來，鼾聲不作、囈語不興，也沒有波瀾壯闊的交響樂，一室盡屬失眠人，滿床都是懊惱登山客。

但懊惱儘管懊惱，仰叩主峰，還是得全力以赴的。翌晨二時半，在一片嘀答雨聲中起床用餐。五十分鐘後，三十七員大將，由領隊帶頭，一字排開，依序投向闃黑的山林裡。

天不作美，一夕風雲變色，冷風呼嘯夾雜著細雨絲絲，憑添幾分陰森詭異氣氛。山莊距峰頂二點二公里，落差將近五百公尺，要經過岔路、風口，沿途陡峭，盡是巨石巉岩。自劃歸國家公園後，爲維護環境景觀，所有登山路標都被撕去，黑暗中即使百岳健將老練嚮導如文芳兄，在幾處三叉路口，也幾乎有不知所從之惑，所幸憑其多年經驗，終能一一化解，把我們帶到正途上去。

空氣益感稀薄，心臟似乎受到一股重壓，呼吸加速，爬起坡來，更顯得吃力。所喜昏黯的天空，逐漸透出一絲蒼茫曙色，風雖大，雨已霽，心情踏實了許多。摸索了近兩個小時，曙光乍透，不必電筒也約略可辨步道。到達風口，沿著山崖上的鐵鍊，頂著強風，手腳並用，攀爬最後一段陡坡，終於在五時卅分，奮力一躍，跳上了東亞第一高峰——玉山主峰峰頂。海拔由原來三九九七公尺修正爲三九五二公尺，加上于右老的三公尺銅像，危然聳立，仍有高不可攀之勢。

玉山主峰，地跨高雄、嘉義、南投三縣，峰頂有十幾坪的平台。站在峰頂之上，但覺巍巍然獨立於宇宙之間，有前不見古人，後不見來者，天地悠悠之慨。惜天氣不穩，遠近山峰，時而清晰可辨，時而蒼茫一片。領隊以今日之勢，恐無福欣賞日出奇景，即北峰，基於安全顧慮，亦忍痛不去。雖然奇境以粗游了之，有失造化本懷，其奈造化弄人，主峰風雲變，總也不能貪戀一時美景，而貽後顧之憂。

六、奔向來時路

緊跟著領隊，連跑帶跳，奔返排雲山莊，纔七時二十分、匆匆喝罷薑湯與熱牛奶，便隨先鋒部隊拔營下山。因時間尚屬從容，又是下坡路段，沿途隨興所之，或馬不停蹄、或駐足觀賞，一路行來，倒也輕鬆愉快。

下山每逢上山人，看他們氣喘呼呼，不自禁發出會心一笑。其中有高齡八十，仍然精神矍鑠、健步如飛，望之若花甲一長者，驚羨之餘，始信「人外有人，天外有天」果非虛語。

十時廿分下抵塔塔加登山口。昨晨入山，山中一夜，人世千年，山下的一切，恍如隔世一般，我們像一群外星人，引來不少玉山國家公園遊客的注目與好奇，置身其間，頗有重返人間之感。氣候瞬息萬變，再回頭，整座玉山已籠罩在一片迷霧中，頓失其所，頗以及時脫身而暗自慶幸。

又疾行四公里，到上東埔玉山國家公園遊客中心停車場。但見週遭一片車陣，遊人不斷。據說自新中橫公路玉山、水里段通車後，每逢假日，山上便車如流水。一般人不察，多以抵此即登玉山而自喜，實則差之毫釐，謬以千里，貨眞價實的玉山登峰，還在十萬八千里外哩！

午後一時，全員到齊，上車循原路下山。纔過阿里山，一段山谷地帶，山嵐漫淹，籠罩四圍，十步之外，目失其所，化不開的濃霧，較當年大霸尖山之行，途中「觀霧」所見猶有過之。視野不佳又兼山路崎嶇，車速放緩，八十餘公里路，竟耗去三個多小時。蜀道難，玉山路亦非易也。

五時左右，趕到虎尾，一頓豐盛的慶功晚宴，爲此役劃上圓滿的句號。虎尾是信託處林科長哲勝兄家鄉，想當年小鬼湖探幽回程，便曾大醉於此。岳社諸君食髓知味，再度光臨。哲勝兄幾位拜把兄弟，也聞風趕來，舉杯共醉。他們都是地方上頭角崢嶸人物，其中監委陳錫章先生，以柏台大人之尊與大伙把臂言歡之不足，還到車上殷殷送別，盛情豪氣，感人至深。而大伙亦皆醺醺然幾乎樂以忘歸。

欲罷不能，一延再延，待返抵北市，已經夜半。流水三年間，玉山二登臨，雖然疲累有加，而心情則充滿怡悅的感受。想到生命中又增添了值得回味的一頁，怎能不興奮？有人說登山能讓人產生「精神的淨化」之積極效果，這些年來，每次登山歸來，總會感覺出心靈又經過一次的淨化，如此受用，敝帚不敢自珍，眞希望更多的同好來分享它！

中信通訊一八三期八一、一、一

佳節逢重陽　登高覓桃源

一

秋分既逝，寒露將屆，已涼天氣未寒時，又是一年好景君須記，郊遊踏青正當令。中信山岳社適時推出的應景之作——宜蘭桃源谷草原登山活動，拜他寶莉颱風之賜，由暑熱未退的九月初，遞延至秋高氣爽的光輝十月第一個假日舉行。咱們這些九月間原已失之交臂的，此番竟得以塡補因延期而騰出來的空缺，而是日恰逢農曆九月九日重陽佳節，眞是擇期不如撞期，來得早不如來得巧也。重陽登高，古人率倡於先，乃吾人今日適逢其會，結伴登高覓桃源，不讓古人專美於前，亦盛事也。聊記其麟爪，藉博同好一粲。

本次活動屬於郊山健行，一日間往返，既無隔宿之煩，也沒有高山攀越的重裝負遠，一般健腳即可輕鬆完成。行前未經腳程訓練，參加人員亦未做嚴格篩選，有爬山之名，無攀岳之苦。兩部遊覽車裝滿男女老少將近百名員工暨眷屬，陣容堪稱壯盛。但往日山巔嶺上同甘共苦、跋涉爲勞的山友，則寥若晨星，令人納罕。是否七月間的奇萊越嶺，飽覽高山風光後，五嶽歸來不看山，區區桃源谷，沒有傲人的高度，引不起攀登的興致？抑或邇來公忙，暫無爬山閒情？總之，老鳥缺席，不無悵然！倒是一些年輕的女同事，平日望之若纖纖弱質，率多呼朋引伴甚或扶老攜幼闔第光臨，難不成她們眞以爲是一趟稀鬆平常的踏青哩！

二

週日一大早，兩部豪華遊覽車由總局門口準時出發。假日清晨，市區人車雖非稀少，但較平日已顯得清靜許多。駛進北上高速公路後，一路風馳電掣、意興風發。未幾，下八堵交流道，車子轉入山區，放眼望去，一片青翠，頓覺綠滿心靈而沉入靜境中。可惜好景不長，到瑞芳又是人車吵雜，好在是時也，艷陽斂其嬌容，天空烏雲片片，地上涼風習習，洗盡一夏熱氣，瑞芳街景也變得親切可愛了。瑞芳過去，車子右轉，折入北部濱海公路，滾滾浪花、碧海無邊，眼前一亮，境界陡變。紅塵中人沿著海岸公路，通往心目中的桃源，塵念漸消，內心一片澄明。

山岳社戴社長文芳兄，臨行前夕，因事缺席，隊伍由會計處王專員毓槐兄率領。王兄也是岳社一員大將，具有高山嚮導資格，處事週密、待人熱誠，而服務之熱心更不在話下。據說，爲辦好這一次活動，他老兄事前還特別專程實地踏勘一過，俟諸事就緒，纔毅然上路。車上要言不煩的行程報告，令人備感親切之餘，對此行種種，更覺自在而放心。

在澳底一座甚具規模的媽祖廟前廣場下車休息片刻，看看手錶，距台北出發整整一個半小時，一路風塵，藉此洗淨，這片刻的解放，實獲我心。

三

再上車，匆匆的鹽寮過去，大里一瞥，大溪在望。九時卅分，抵大溪，在一處刻有桃源谷登山口指標的路旁停下車。

不知是老天有意作弄抑或是別致的迎賓禮，纔下車，迎面唏唎嘩啦一陣豪雨，來得眞不是時候。大伙手忙腳亂，好不容易把雨具穿戴妥當，豈料驟雨不終朝，大雨來得快也去得疾，大軍未動，雨勢先歇，這玩笑開得令人啼笑皆非。

九時五十分，在先鋒嚮導林炳約兄導引下，我們踏出豪邁的第一步。循著指示標誌，跨過北迴線鐵道，順著產業道路前進。沿途田園籬舍、雞犬相聞的農村風光，令久居鬧市的過客，耳目一新、心懷大暢。

桃源谷位於宜蘭大溪之北，登山口前方不遠處，有北迴鐵路大溪車站，山下濱海碼頭是小有名氣的大溪漁港，整個山谷隸屬於大里的蕃薯寮，海拔只有五百公尺，相較於動輒三千公尺以上的百岳名山，當然只算是小山丘罷了。殊不知攀登百岳，就經驗顯示，泰半係先以車輛載奔直上，起步多已在一、二千公尺甚或三千公尺之上。而此處毗鄰海岸，五百公尺的海拔，是結結實實不折不扣的高度，似還不容太以小覷哩！

隊伍中老弱婦孺，未具攀岳經驗的菜鳥不在少數，起初的半個小時，還能有說有笑、蹦蹦跳跳，沿途評山品水，贊嘆之不足，繼之以手舞足蹈、載欣載奔。詎料，一路向上的山勢，小徑錯綜，半途以後，強弱立判：幾位年輕的健腳，幾個轉折後，早已脫穎而出、漸失踪影；落後的老弱或婦孺，已漸覺氣息沈重、步履蹣跚。俗話說：「沒有三兩三，不敢上梁山」，但願桃源不是梁山，否則，後果堪虞。

總算天可憐見，倩浮雲掩日、有山風送爽，疲累之際，尚覺心脾舒泰，跋涉不以爲苦。而五、六公里路程，五百公尺高度，在山岳社的紀錄裡，不過是小事一樁。因是，儘管大伙半呈勞頓之狀，兩個小時後，都能順利登抵谷頂，完成壯舉。成如容易卻艱辛，親身體驗過，感受更深刻。

四

桃源谷是一片迤邐數里的大草原，比起合歡北峰的大草原，或許稍遜幾分雄偉氣象，但論寬曠野趣，較之陽明山遠近馳名的擎天崗大草原，則有過之而無不及，更難得的是多了一份寧靜與悠然自得。據說，由於長期受充沛雨量的滋潤，谷裡花草都顯得特別青翠欲滴，一望無際的綠，像張巨大的地毯鋪蓋著山谷的每一處，倘佯其間，像走進了愛麗絲仙境，人間天上，簡直不復知此身何處了。

大伙在草原上就地卸裝、野餐，假寐片刻，仰視浮雲悠悠，心中塵念盡消。腦海裡靈光一閃，彷彿記起林堂先生寫過的一段話：「凡人在世，俗務羈身，有終身不能脫不想脫者。由是耳目濡染愈深、胸懷愈隘，而人品愈卑，有時看看莊子是好的。接近大自然是更好的」。我們何其有幸，能如此貼切的接近大自然，儘管只是浮生半日，也已經秀色飽餐，足以解憂了。

留連了大半天，思緒早如脫韁的野馬，不知馳騁到幾千萬里外，是領隊的一聲口哨，纔把大伙喚回清醒的現實。「雖信美而非吾土兮，曾何足以少留？」不甘歸不甘，其奈現實逼人，桃源過客，只得再度揹起行囊，匆匆賦歸。

過石觀音寺，小作停留。寺因佛像供奉在山洞內而得名，廟的規模雖不大，但據說香火鼎盛，我們虔誠頂禮一番，隨即沿著廟前石階下山。石階相連，綿延不斷，幾處轉折，甚至陡峭而下，形勢頗稱危險。野花雜樹，夾道叢生，深淺有致的綠色，觸目怡然。而居高遠瞰，視野清晰，令人心曠神怡，不知不覺的步履也彷彿輕快起來。終點在望，意猶未盡，說時遲，那時快，我們竟已安然下抵指定的山下濱海公路，順利完成了重陽登高，一日間上下桃源谷的踏青活動，不亦快哉！

趁大軍尙未到齊、暮色將臨之際，到海邊走走。遙望海天遼闊、佇看波浪滾滾而來，不禁有浪花淘盡千古風流人物的感喟。遠處漁舟點點、歸帆片片，更爲這濱海小鎮的漁港，平添幾分蒼涼古意，引人遐思不已。

大軍到齊，登車返澳底，在路邊一家招牌醒目的「九孔王子」海鮮餐廳，援例一頓豐盛的慶功晚宴，酒足飯飽後，才依依作別，興盡言旋，爲桃源谷逍遙遊，畫上完美的句點。

有人說：「人間處處有仙境，不必刻意覓蓬萊」，能接近自然的人，是福氣啦啦！

中信通訊一八九期八二、一一、一

濯足天巒池 振衣武法奈尾山

一、瘋狂學少年

「暮春三月，江南草長，雜花生樹，群鶯亂飛。」三月江南，風光彌令神往，而寶島此際正亦春光明媚，山水的呼喚，更令人躍躍心動。早在年初，中信山岳社就已排妥的「春遊天巒池，順登武法奈尾山」活動，也在衆山友殷切期待下，漸以迫近。但出發前夕，連朝陰雨，卻使得人心發慌。日子越接近，大夥的心情越焦燥。不斷的打聽與反應，是否改期爲宜？隨時與氣象局保持密切聯繫，獲致山區將可放晴訊息的岳社社長戴兼科長文芳兄，遂仍保持一貫的自信，胸有成竹的發下「如期演出，包君滿意」的豪語。儘管臨出發前夕，雨勢尚無減緩跡象，也曾幾度躊躇，終於敵不過對岳社多年來的信心，以及堅持一份山友堅忍不拔的信念，毅然決定，風雨無阻，水裡水裡去。不僅此也，連一向僅見郊山健行，未敢稍作高山攀登大夢的老伴，也在幾番慫恿下，興沖沖的跟進。

三月廿日，恰值春分之期，經過一季冬蟄，大地回春，良辰美景，踏青最相宜。詎奈天不作美，臨行之際，台北又是風又是雨，陰霾的天空，令人愁腸百結。然而，四十幾位隊員，居然除一、兩位因事打退堂鼓外，餘皆出席。幾位老鳥打趣的說，如此天氣，攀登高山，不是瘋子便是傻瓜。但有道是人不瘋狂枉少年，難得幾回瘋狂學少年，我們是豁出去了。

車行漸南，雨勢轉緩，鬱卒的心頭漸獲舒展。下三義交流道，駛入由后里往豐原、東勢的縱貫公路，但見沿途乾爽清淨，了無雨跡，且也雲淡風輕、一片亮麗，哪是台北的濃黯灰濛所可比。戴社長這下可神氣了，他老兄拿起麥克風，例行的一番簡介叮嚀過後，便大蓋起他好就是好的天氣保證論。許是心誠則靈吧，睽違許久的陽光也露了一下臉，大伙至此，對社長的鐵口神算與信心，也不得不心服口服哩！

難得出門一趟的資訊處徐處長博志，即席為大伙打氣的場面話，仍頗具當年人事主任的架勢。畢竟同仁的社團活動，也得上有好者，才能收風行草偃之功。有一級單位主管的參與，對於山友同仁的鼓舞，眞的是善莫大焉！印象中，躬與岳社活動的單位主管，除徐處長外，現任秘書處曲處長光達、人事室陳主任寶明兩位，曩昔偶亦驚鴻一瞥，尤其曲處長當年身兼職工福利委員會主任委員，岳社之得以成立，得力於他的贊同者實多。如今，兩位皆因公務多勞，撥冗不易，水湄山涯之間，久矣未現芳蹤，回首昔遊，誠然，相思比酒濃！

二、共醉梨山夜

體貼的司機先生，恐大伙旅中無俚，搬出日本專利大陸拍片的全本西遊記錄影帶，由花果山的美猴王揭開影集序幕，其間自拜師學藝至大鬧天庭，劇情緊湊熱鬧、高潮迭起。陶醉在其飛天入地的特技表演中，不知不覺間，豐原過去，東勢到了。儘管窗外青山綠水，景象大佳，終究敵不過齊天大聖精彩的七十二變化。精神貫注、心有所繫，時間與環境的變遷，反而未令牽掛。感覺上似乎只一瞬間，谷關已到。暮色蒼茫中，但見飯店的霓虹燈閃閃發亮。半天奔馳，拜他孫行者之賜，竟毫無倦容。深山打尖，風味別具，但這裡卻不是我們今夜的家。繼續趕路，四圍一片闃寂，山徑曲折，車子小心翼翼、緩緩前行，天空中又飄來濛濛雨絲，大伙的心裡涼了半截，難不成豐原、東勢的好天氣只是曇花一現？

八時抵梨山，下塌福忠大飯店。謝天謝地，雨又停了。但願明天也別讓我們失望纔好。

利用就寢前的空檔，隨意閒逛。惜乎，總共纔那麼幾戶店家的梨山街頭，不出十分鐘便已一覽無遺，逛無可逛。也不甘就此打道折返，踟躕街頭，旁徨卻顧之際，突見一處小攤上，滿座賓客，熱鬧非凡。原來饕客皆山友，三五成群、各據一方。席上清一色的是：一碗切仔麵、幾碟小菜、三杯兩盞紹興美酒。佳肴當前，高朋在坐，焉能失之交臂？於是乎，梨山之夜，就這般樂得不醉無歸！

三、池在深山間

此番行程，無須三更攻頂，不必摸黑趕路，五時廿分始晨喚，有足夠的睡眠時間，算是岳社活動難得的少數幾次德政之一。

早餐後，一切準備就緒，梨山仍沈浸在寧靜的睡鄉，清新的空氣，但覺滿懷舒暢；四圍聳立的青山，相看久不厭。而山嵐輕移、飛煙迷離，雨後新山，更顯得青翠可愛。週遭一片生機勃勃，大伙也不自禁士氣騰騰，躍躍欲求一試。

六時卅分，由中橫公路八十四公里路標所在的梨山出發，西行約一小時車程，抵達一百零四點五公里路標下車，在前鋒嚮導黃慶鴻兄的引導下，由路標附近的登山口，一字排開，依序前進。

此行係以觀賞高山間奇特湖泊的天巒池景觀順登武法奈尾山兩個據點爲主。從登山口迂迴上昇，走入登山步道後，歌聲笑語嫣然，幾戶山上人家，門前果園片片，由木條竹竿搭架而成的棚架，連綿接遠道，形成果園區的一片特色。惟路旁架下，垃圾成堆，空氣中亦不時有農藥餘味，既不雅觀更令人不忍卒聞。據說果園裡栽種的是蘋果、水蜜桃與高山梨，可惜時機不對，但見枝幹禿禿、花果俱無，空入寶山，徒呼負負。快步走過，漸行漸遠。峰迴路轉中，汗水漸漸在大夥的臉上發光，信心卻也隨著起伏曲折的山路而動搖，喘息取代了歌聲、沈默取代了笑語，全隊四十幾位夥伴一字排開的隊伍，已經撕裂成七零八落，銜接不上。好在時間尚頗寬容，走累了，歇歇腿，再出發，更來勁。

業務稽核處的戴科長玉梩兄，是本局深藏不露的武林高手，強壯的體魄、矯捷的身手，瀟灑走來，氣定神閒，不時的停下腳步，以手提迷你相機，把錦繡大地一一攝入鏡頭，更頻頻爲同伴客串攝影師。難得他細心週到，大夥在疲累之餘，得以留影於名山勝水間，雪泥鴻爪，不虛此行，拜他之賜獨多。

果園過去，又半個小時，一片罕見的白木林，壯觀的景象，令人眼爲之亮。據說，大片的白木林是十幾年前的一次火燒山所造成。當時那場大火整整燒了一個多月，山中整片紅檜木、扁柏、台灣杉的表皮枝葉因火燒而剝落，但卻屹立不搖，形成這片著名的「白木林」。樹猶如此，人豈可不篤其志而堅其行？

沿著鞍部步道前進，坡度轉緩，視野廣闊，看林相突兀、群峰挺拔，視覺上的享受，大大彌補了體力的消耗。緊接著是一大片矮箭竹所織成的褐色草原，甚具高山情趣。讚羨聲中，突聞有人大喊天巒池到了。精神一振，看看腕錶，距登山口出發，剛好兩個小時整，這樣快就到達第一個目標區，出乎意料的順利，初尚未敢置信哩！

原來，天巒池不過是草原區箭竹叢中一畦小池塘而已，面積似與百公尺長的泳池相若罷了。想當年遠赴高屏深山一窺小鬼湖，已覺不過爾爾，眼前天巒池較之小鬼湖更不起眼。其實，天巒池之殊勝可貴，不在其大小，而是以海拔二千九百公尺高山中，保有這一方寧靜清澈的池塘，池水終年不斷之爲難得也。更何況，天下名勝，多的是「未至千般恨不消，及至到來無一事」。深山天巒，在山水清，池雖小殊勝何有損哉！

四、武法奈尾山

池邊禮讚一番，大夥競相留影之際，已有先鋒部隊自終站的武法奈尾山下來。「輸人不輸陣」，趕緊告別天巒池循著密集箭竹林所形成的大草原裡羊腸小道，往前趕去。

草原景色，令人心曠神怡，目標在望，使人舉重若輕，步伐頓時顯得輕快許多。約二十分鐘後，果然不負所望，氣息短促神色自若的攻下武法奈尾山高山頂，海拔二千九百八十六公尺高的三點角基座。

武法奈尾山，位於臺中縣境與南投縣仁愛鄉交界處，僅以十餘公尺之微，未能列名百岳，卻堪稱百岳之外的最大高山，以境內最具特色的高山湖泊天巒池及綺麗的白木林，構成一幅完整的森林之美，是中部地區愛好登山者最熱門的路線之一。山岳社不遺在遠，竟能遴覓此一老弱咸宜的登山去處，使得一車老弱菜鳥，都能順利完成目標，眞是功德無量。

三角點上有一大片活動空間，陸續抵達的隊員，依序在基座上攝影留念。看看腕錶，纔十時整，計自登山口七時半出發，我們這些中等速度完成登頂的也只不過用了兩個半小時，以山岳社歷來攀岳攻頂經驗，算是破紀錄的一次輕鬆愉快活動。

感謝老天幫忙，這一路難得的好天氣，把台北出發時的陰霾沈悶掃除淨盡，沿途感覺舒爽，山巔尤其美妙。而登高望遠，極目清晰，展望四周，合歡山、雪山、大小劍山、南湖大山、中央尖山、畢祿山等群峰，盡入眼底。尤其雪山山巔飛白，嵌入雲間，如在畫中，我們幾位前年登臨其上的更覺親切依戀。

解決了隨身攜帶的乾糧，不忍遽去。趁殿後押陣的掃把嚮導羅盛鍔兄尚未趕至清場，就嶺上草原，隨地偃臥。和風送來高山乾爽的空氣，仰視天空浮雲變幻，心情格外寧靜、愉悅。輕輕拋開塵慮，世事於我何有哉？眞希望時間能永遠停留於此際，讓我輩凡夫俗子臥擁這一大片山林，供我身心憩息。也許如此奢望，不啻癡人說夢，不切實際，但只要山水在我心中，我心就能常保寧謐。

五、歸路百轉彎

「掃把」的哨音由遠而近，響亮的聲音，劃破天際，驚醒我們的白日夢。撿拾身旁食餘，匆匆揹起行囊，週遭環視一匝，依依不捨聲中，奔向歸程。

此番攻頂，海拔固然未逾三千公尺，而上下落差與前後距離亦遠較預料緩和減短，上山不似一條蟲，下得山來，還強過一條龍。且也乾糧飽腹、行囊減輕，一路上連跑帶跳，未稍耽擱。但見：天巒池水清依然、草原區入目開懷、白木林挺拔壯觀、果園區令人扼腕。匆匆的，登山口在望，日正當中，汗涔涔、氣短促，但我們總算於午前返抵原地。老伴無恙、廉頗未老，眞是不亦快哉！

先鋒嚮導林信陽與黃慶鴻兩位健將，捷足先下，早在登山口附近，「太魯閣國家公園」界碑旁，好整以暇、煮了兩大鍋酸菜大鹵麵伺候。默吟「山中何所有，嶺上唯白雲」之句，我們眞是比古人強多了，岳社幹部諸君，體貼週到、無中生有、愛心的付出，令人心感無旣！

午後一時，終於盼到「掃把」嚮導羅盛鍔兄，陪著殿後的一員女將，在大夥歡呼聲中蹣跚而至。全員到齊，按預定時間順利完成遊池、登山壯舉，又是一次漂亮的出擊。

一時卅分，點名上車。返程改由梨山經中橫支線出宜蘭，全程共約一百一十公里，其間連續彎路達七十一公里之長。深山半日跋涉，方慶無恙歸來，乃山路百轉，所經多彎，竟把人折騰得暈頭轉向，暗暗叫苦不迭。雖然精彩的美猴王續集，高潮起伏的劇情又再度熱演中，然而閃爍的螢幕影像，卻已叫人無福消受了，緊閉雙眼、咬住嘴唇，隨車一路顚簸出深山。

昏昏沈沈中，幾度睜眼又闔去，沿途美景奈何天。所幸旅途末段，在大夥的驚嘆聲中，勉強苦撐，終得一睹思源啞口濃霧奇觀，差堪告慰。抵南山村小憩片刻，彎路終結，步上坦途，精氣神再度凝聚，萬家燈火裡下抵宜蘭，循例在麒麟餐廳一頓豐盛的慶功晚宴後，活動纔算功德圓滿。

歸途中，想及此行，冒雨而出，夜深而入，筋骨爲勞，心志堅苦，終於如願渥足天池、振衣高崗，又通過一次難得的考驗，內心的快樂與自得，迫不及待的想與朋友分享。就如也是登山同好的台大醫學院長陳維昭先生，在一份雜誌上應記者訪談，極力鼓吹他的爬山理論一般，總希望好東西能與好朋友分享也。陳先生在那篇報導上，以醫師的專業知識說，人的心臟好比汽車的馬達，平常在市區開得太慢，隔一段時間就應把車子開到高速公路上跑一圈，讓心臟的血液沖洗一下，登山過程，一定程度的加速心臟跳動頻率，即具此作用，況兼山上新鮮的空氣，都是最有益健康；果能與家人、同事一起爬山，則既健身，又可以溝通、聯誼，一舉數得，何樂而不爲。

想我中信山岳社，多年來倡導登山活，主事諸君與山友同仁，樂此不疲，其旨趣與陳院長所倡，眞個是若合符節。明乎此，我們的瘋狂就不盡然是瘋狂了。

中信通訊一九一期八二、七、一

走古道　訪九份

一、火車快飛人開懷

中信山岳社繼三月間濯足天巒池、振衣武法奈尾山歸來，興猶未盡，爲惠及大衆，特別設計一日間往返的健行活動：淡蘭古道——三貂嶺段健行順遊九份。據說古道行程輕鬆，老幼咸宜，況兼順遊九份，有山水人文之勝，均足令人懷思古之幽情。迷你之旅，惠而不費，爲免向隅之憾，迫不及待的報了名，接著便是一段充滿希望與期待的日子。

盼待著，盼待著，終於盼到出發的時刻，四月十八日，美麗的星期天。一大早，即與老伴輕裝便履，興沖沖的奔向台北火車站。七時五十八分經由台北開出的北迴線莒光號火車上，人頭鑽動、座無虛席，尤其是最後一節車廂，更有人滿之患。好不容易擠了上去，喘口氣，定下神來，環顧周遭，但見舉座盡是面團團、一臉福態的女士們，由胸前名牌窺悉多屬同一愛心團體的團員，從她們穩坐如山的神態看來，似乎還有一段遙遠的旅程，想中途插隊，撿個一席半座的便宜，想必是戛戛乎難矣哉。領隊指定大伙在這一節車廂會齊，今番註定得一路站到底了。好在周圍站著的十九是咱們中信局同仁與眷屬，在山岳社的大纛下，識與不識，見面三分親，幾句寒喧，便熱絡異常、親切有加，旅中非無俚，站著又何妨！

火車緩緩駛出台北站，突見座中一陣騷動，原來是一場讓座古風重現今朝。公保處文書科年輕端秀的彭靜秋小姐，與其服務於台灣人壽保險公司的同伴林小姐，自桃園上車，搶得先機，獲致難得的兩個席位，因不忍見同仁等擠站一團，乃慨然起座讓位，一時之間，你推我讓，誰也不肯爭先，卻不過她二人的好意，終經公推由年高德劭的袁專門委員亞衛伉儷代表承坐，才了結這段公案。這一幕溫馨感人的畫面，使得我們今日尋幽訪勝之旅，有一個好的開始，已經是成功的一半了。

穿出台北市區的地下，火車快駛，兩旁高聳建築，逐漸蛻換爲稻田林野，山川人物，如走馬燈般，一幕幕的遞嬗變換，到得窗外綠意漸濃、山容漸顯，汽笛聲中，侯硐到了。僅只一個小時的車程，沒有公路塞車的夢魘，鐵路運輸的安穩便捷，的是令人稱快。

二、雙旌遙向淡蘭來

侯硐係北迴鐵路山區小站，簡陋的建築，樸拙富古意。原本寧靜閒適的鄉間，驟然擠進這一大票的異鄉客，一下子變得熱鬧聒噪許多。舉目四周，一片青山，環睹蓊鬱，心隨境轉，感覺舒暢極了，而步伐也變得輕快起來。走到距車站不遠的侯硐國小，稍事解放，重新整理隊伍，這才發現隊裡儘多新面孔，舉如：法律事務室的張專員平雄兄，不但大駕光臨，更難得的是就讀台大法律系的嬌嬌女也隨老爹出遊，父女情濃堪羨；機要科的張林勝兄，一家大小，闔第光臨，精神可佩；就連房地產科另有高就離職他去的張哲聰兄，也專程撥冗前來重溫舊夢；此外，如公保處兩個門診中心的護士小姐，偷閒共襄盛舉的更不在少數，加上同仁眷屬暨局外朋友，濟濟多士，半屬稀客。難怪乎領隊會計處的王專員毓槐兄，在集合隊伍簡介行程時，要放大音量，諄諄囑咐，蓋將近百員的散兵游勇，菜鳥滿天飛，照應起來，是要倍感費事的。

九時廿分，隊伍開拔，往山區挺進。沿著石階步道，迂迴盤旋而上，坡度尚稱平緩，林蔭夾道，涼風習習，沁人心脾，滿懷舒暢。附近人煙稀少，石階屢見苔痕，兩旁蔓草叢生，一路落葉堆積，入山未深，已見荒涼古意，大有走入時光隧道的光景。按淡蘭古道，乃清代先民蓽路襤褸所開拓的，自淡水至宜蘭間的交通孔道，從瑞芳苧子潭到大里，全長八十公里，其中翻越了三貂嶺、草嶺二座山脈。而我們今日所定的三貂嶺線段，由侯硐越嶺雪山山脈北延山群，其實僅係古道一小段，全長只有五、六公里左右。說眞個的，以今日交通之便捷，淡水至宜蘭，既無需攀越兩座高山之耗時費事，縱使望遠登高，大發思古之幽情，亦不必大費周章的再作八十公里長途跋涉。取其間通行片段，作半日攀越，雖僅淺嘗輒止，而以今憶古，緬懷先民開路之艱辛，前人種樹之遺澤，亦足以令人悠然而神往。

在枯葉堆積的古道上，行行復行行。沉醉在思古幽情中，一個多小時過去，突見前頭幾位隊友，對著步道左側山壁，在那裡比手劃腳、評頭品足。好奇心驅使，趕緊往前擠去，但見高聳的岩壁上，有斑駁不甚清晰的題詩其間，原來這便是古道有名的勝蹟之一——金字碑。該碑係清同治六年，台灣總兵劉明燈於北巡抵此時，見地勢雄偉險峻，岩壁高聳，乃磨壁題詩刻於其上，漆以金字，鄉民遂呼之爲「金字碑」。碑文爲小篆體，詩文如下：

雙旌遙向淡蘭來，此日登臨眼界開，大小雞籠明積雪，高低雉堞狹奔雷，穿雲十里連稠隴，夾道千章蔭古槐，海上鯨鯢今息浪，勤修武備拔良才。

看了這個碑文，足見當日林木之盛、行旅之難。

過金字碑上行約十分鐘，穿出樹叢，越抵山頂，眼前豁然開朗，柳暗花明。古道另一勝蹟「奉憲示禁碑」，歷經歲月侵蝕仍然屹立無恙。據說此碑係當年鄉紳奉令禁止砍伐林木而設，用意良苦。但今日嶺上，已然光禿禿的，但見雜草蔓生，當年林木已蕩然無存，睹碑思林木，不禁感慨萬千。

越嶺後形勢丕變，古道自此轉折下降，由夾道蔓生的雜草縫隙裡，不時的窺覽到台灣東北角的萬頃碧波，水色山光，令人精神振奮，又經十餘分鐘，總算順利走過這一段古道，下抵一○二號公路上。

這一路走來：由於天氣不穩，時而細雨飄降，烏雲蔽空，時而雨霽日出，山色清新，而山嵐輕移，雲煙繚繞，幻化之妙，如在畫境，古道之美，別具幽趣。

公路圍繞山間迂迴延伸，漫步其間，環顧四周，東望基隆河谷蜿蜒入海，雪山山脈稜脊盡收眼底。山光水色迷人，沿途涼風送爽，這一段公路健行，愜意不在古道之下。

循線北行，又走了近一個小時左右，纔陸續抵達領隊行前指定的終點站——福山宮。

三、繁華褪盡九份在

福山宮係九份碩果僅存，保留舊制規模的土地廟。其獨特的「廟中廟」景觀，既是九份聚落宗教史蹟的一處奇景，而三開間外加護室的雙殿格局，以及全棟建築石雕圖紋的淳拙稚趣，堪稱九份最具價值的文化資產。廟埕四周，遍植櫻花，居高臨下，美景環繞，清靜幽雅，實在是一處難得的古蹟休憩據點。

領隊帶領我們走古道，憶先賢，入此宮來，更多思古之幽情。儘管遊興仍濃，九份與金瓜石亦近在咫尺，然而領隊以古道行程，既告完成，此去目標顯著，無迷失之虞，遂就地宣佈解散、珍重再見聲中，各奔前程。

午時已過，爲爭取時間，當即與老伴、好友決定，三人同行，捨金瓜石而逕訪繁華褪盡仍充滿神秘的九份去也。

雖乏識途老馬帶路，幸得按圖索驥，憑藉一紙九份簡介圖，出福山宮沿石階而下。殊出料外的，眼下所見山腰佈滿黑斜頂疊屋的聚落，便是嚮往久之的九份了。

九份坐落於台北縣瑞芳鎮的東北，是全省唯一靠採金發跡的山城聚落。其地理位置，西北朝基隆，正北面向東海，南接平溪鄉，東臨雙溪和貢寮鄉。傳說中，九份在三個甲子之前，只是個擁有九戶人家的貧窮聚沿，靠耕田種菜維生，由於居民每次下山都採購九份日用品，因而得名。據說當年號稱台灣第一金城的九份，極盛時期人口高達五萬，有「小香港」美名，雖然時至今日，已因礦稀人散而淪落到不足千戶的頹餒礦村景象，然而以其特有的地理景觀、人文風貌，經過藝術工作者的踵事增華以及媒體的喧騰，一時竟蔚為觀光熱線。我們今日跋涉淡蘭古道，迢迢到訪，何嘗不也是趕著一份思古的時髦而來。

沿著豎崎路階梯由上而下，首先映入眼簾的是九份那種黏貼山腰聚居而活的景象，固不無建築殘敗侷迫的感覺，但環顧四周，望遠山含笑，俯瞰碧海，有碧波萬頃，在山風和海風吹拂下，頓感渾身舒暢，塵囂盡去，想像中，望海的日子，其實也蠻富詩情畫意的。不到十分鐘光景，已經邁入九份市街中心。但見街巷狹窄，人潮穿梭不斷，一批批的青年學子與異國遊客，把這過了氣的偏遠山城，塑造出短暫的繁華景象，在石階與巷弄間，轉折進出，幾家老式店面與市攤，處處以號稱九份特產的芋圓湯招徠過客。說也奇怪，在九份一客芋圓湯、一瓶令人起思古幽情的彈珠汽水乃至一碗切仔麵等，率以二十元為消費單位，簡單明瞭，惠而不費。除了幾項特色的小吃，幾處頗富藝術氣息的金石收藏，也引人駐足。九份因礦發跡，多年留傳，奇珍異石，自有可觀。

轉入基山街，一家號稱泥人吳的雜貨店，「泥土一堆展巧手，鬼怪一屋泥人吳」的對聯，深深的吸引住過客止步，都想一窺究竟。高明的是大門布簾高掛，門旁小字註明「入內參觀，每人十元」，好奇的遊客，自不在乎這區區十元之數，於是乎掀簾而入者大有人在，而泥人吳者想必亦有過往路人，入吾彀中之快意吧。

不到一個小時光景，已經逛遍了大半個九份聚落。外行人看熱鬧，到此一遊，心願得償，遠路尚須愁日暮，趕緊見好就收，匆匆賦歸。倒是九份那種依偎坡地上，上屋與下屋皆有出口的特殊空間形式，以及緊貼山腰聚居而活的情趣，特立獨行，令人難以忘懷。據說，儘管九份山城逐漸成了現代人的桃花源，但本地人卻也頗嚮往於新的建設力量來繁榮地方，保存古蹟與除舊佈新，二者何去何從？似正帶給他們難解的迷惘。市攤上半廣告半兜售，由九份民俗藝術小集所編輯的「黃金故鄉」小册上，一篇呂東熹先生所寫的「九份山城的異鄉人」，文中就提到「九份是一個蘊藏舊傳統和現代堆砌而成的後現代藝術，來到這裡，可以盡情地尋找現代人所失落的人文情懷。」因此他特別強調「九份不是來玩一玩、看一看就能有所收穫，而是要用心靈去感受它獨具的歷史、人文與特殊景觀，才能滿載而歸。」旨哉斯言，這纔叫內行人看門道吧。慚愧的是我們越古道而來，登山健身、尋幽攬勝固已足矣，而驚鴻一瞥、雪泥鴻爪，在我們其實也算不虛此行了。至於歷史、人文與特殊景觀，高論云云，果眞有心，亦只好期諸他日了。

中信通訊一九二期八二、十一

草嶺古道采風行

一、相見歡

五月廿三日，美麗的星期天，風雲突變，暑意頓消。連朝悶熱，一夕轉涼，對於佇盼多日等候再度出擊的中信山岳社，果不其然，又有一個好的開始。往常如此假日，除非另作安排，十九都還在各自的安樂窩作隆中之高臥哩。而今天，不必上班的日子，總局大門前，卻擁來了一批批比上班還到得早的男女老幼，嘻哈之聲，不絕於耳，把個週日寧靜的中信局，點綴得生氣勃勃，熱鬧有趣極了。

三部豪華遊覽車，整齊的停放於路邊，如此排場，對於以攀登高山爲號召的山岳社而言，似乎又在締造另一次紀錄了。眞佩服戴社長文芳兄以及社裏諸位幹部，小店似乎越開越大，帶領這一百數十位男女老幼奔向山林，也只有他們的傻勁與熱誠，才足以成事。

好在今日之行，號稱「草嶺古道采風」，比起往日攀岳攻頂，僅屬郊遊踏青格局，老幼不禁；況兼草嶺古道，自劃入東北角風景特定區後，諸多建擘，復經媒體喧騰，一時聲名大噪，嚮慕者殷。難怪乎山岳社的活動公告才貼出來，便告額滿。應衆要求，一部不敷，再增爲二，二仍不足，又增爲三，然而三之已甚，不敢再事擴充，否則，沒完沒了，將不知伊於胡底？

如此盛況，已非罕見，豈知稀奇的事還多著呢：君不見高山稀客的業務稽核處莊處長元生伉儷，出乎意料地，一大早便挺立於大門石階上，似慶會主人在迎候各方來賓般，笑臉迎人，春風一團；而不遠處資訊處的徐處長博志也被他昔日人事室的幾位山友同仁團團圍住，這位岳社貴客，今日還特別請來夫人同行，眞令岳社蓬蓽生輝；那邊身兼岳社顧問的公保處副經理蔡文欽，此番夫人徵恙缺席，難得落單一次，但卻把他們的另一位副經理陳逸峰伉儷請了出來，聲勢益壯。他如稽核處戴科長玉榧，不僅夫唱婦隨，還邀來太座建中同事賴老師伉儷，共襄盛舉；外匯處的吳襄理碧忠也是鴛鴦同行；一向自處邊疆地帶的台北分局，在美麗的襄理吳逸茹帶領下，一大群年輕的男女同事，朝氣蓬勃，青春氣息，令人羨慕；而高雄分局徐毓華科長，趁返總局公差之便，也躬逢其盛；又如貿易處的陳襄理惠玉還有剛剛退休的前人事室副主任綦立梓，都是全家出動、闔第光臨；更値得一提的是咱們戴社長夫人，一向「放牛吃草」罕與聞問，今日竟亦隨軍押陣，看來，此行眞的是未映先轟動，好戲有得瞧哩！

美中不足的是「掃把」嚮導羅盛鍔兄，另有救生訓練要務，未克分身，龐雜的隊伍裡，不見他的身影，未聞其惱人卻親切的哨音，不無悵然若失的感覺。而隊伍出發的時間，也稍失準頭，原訂七時十五分集合的，竟拖至七時四十五分才湊足人數，整整晚了半個小時，「掃把」缺席，掃地乏人，紀律顯得鬆散了些。

所幸假日清晨，北上的高速公路，不負其名，稍稍彌補了出發時的誤點。但自八堵交流道下來，由四腳亭到瑞芳一段，車速被迫放緩，終至走走停停，進入北濱之前的交通瓶頸，果然名不虛傳。岳社幹部也是隨車嚮導的王專員毓槐兄，趁塞車檔期，為大伙簡介行程並打氣一番，體貼週到，熱誠感人。過瑞芳，車陣漸漸疏散，轉入濱海公路，氣象一新，天地也變得寬廣多了。司機先生心急趕路，油門猛踩、心無旁騖，澳底媽祖廟前廣場，原擬停車解放的，竟然過門不入，風馳電掣般，長趨直駛貢寮遠望坑，遇朝陽橋才譜下休止符。

二、越古道

三部車於九時四十分左右陸續抵達，距台北出發整整兩個小時。行前各車嚮導均已就行程作過簡介，下車後，一方人心聳動，無不躍躍欲試，他方經兩個小時不停的奔波，有著急待解放的壓力。於是各就所需，或一馬當先，直奔古道，或急急投向民家，解放為上。

自朝陽橋下來，柏油路面的產業道路，兩側梯田阡陌、農舍倚立，古樸的田園風光，祥和寧謐。仰望青山聳立，綠意迎人，而薄雲掩日，有涼風送爽，眞個是雲淡風輕，踏青好時光。

隊伍散開後，夾雜著其他團隊的山友，三五成群，處處人潮，爲原本寧靜的田野，憑添幾許生氣。

走過路旁不起眼的福德祠，心香一瓣，禱之祝之。一波波的人潮，彷佛山陰道上，看來，今日草嶺古道，將有人滿之患。半個小時後，漸漸逼近山下，道路變窄了些，經過一處號稱「跌死馬橋」的奇怪地名，「草嶺古道」的路標赫然入目，小轎車到此止步。大榕樹蔭下，有小橋流水，溪流潺潺，水聲瀝瀝，清涼有勁，使人流連。過此左旋右轉後，正式踏上古道步徑。

按草嶺又名「薩薩嶺」，是台北縣與宜蘭縣在東北角海岸段的分界線。「草嶺古道」本係先民在台灣東北部開闢的淡水到宜蘭之間道路，即所謂「淡蘭古道」的一段，位置在台北縣貢寮鄉遠望坑至宜蘭縣頭城鎭大里之間的山區，以途經二縣分界的山嶺——草嶺而得名。

起初的十餘分鐘，古道步徑尙稱平緩，走來氣息勻稱、輕鬆愉快。豈料好景不長，幾個轉彎後，便是一段接一段的上坡石階，十來分鐘，一氣呵成，老鳥瀟灑走來，固然氣定神閒，不當一回事，但菜鳥輩以及一些老弱婦孺，可就沒那麼好受了。途中，山客擁擠，大有摩肩接踵之勢，各色人等，品類繁殊，有：氣喘吁吁的八十老翁，也有襁褓在抱爲母最強的年輕媽媽，還有前來遊學的扶桑青年與其中國同伴，一路的胡言漢語夾纏，爲已夠熱鬧的古道，更增添一份異國色彩。

石階盡頭，道旁樹蔭下，一塊號稱仙跡岩的巨石上，小憩片刻。卻顧所來徑，儘多汗涔涔、氣短促登山客，衆生色相，我見猶憐。離開巨石，穿出樹蔭，但覺山樹後移，蒼穹畢現，境界爲之一寬，彷彿世外桃源，別具一番山野風光。

似乎又是十分鐘左右，古道再逢陡坡，仍然是石階相連，兩側綠樹掩映，氣勢不亞於仙跡岩下那一段。山客至此，疲態漸露，功力淺者，已作苦撐之狀。所幸難關一週，踏上最後一個石階，眼前又是豁然開朗，又見平緩步道，總算可以鬆口氣了。而右側半山腰間，闊葉林覆蓋茂密的路旁岩石上，「雄鎮蠻煙」四個雄渾蒼勁的大字，赫然入目。捷足者或倚其側，或坐其上，爭相攝影留念。人潮絡繹不絕，巨石有知，當引爲慰。

古道至此，行程近半，遊客不斷，而隊友則散如飄蓬。到附近涼亭小憩片刻，喜遇綦副座爺兒倆，慚愧我到也晚，跟隨他們再趲前程。見路標指示，此去九百五十公尺即爲「虎字碑」所在。這一段屬於鞍道步徑，兩側蘆葦叢生，綠意盎然，將近虎字碑嶺頂隘口處，因地形因素，虎虎風生，兩側蘆葦，隨風擺動，頗有柳浪翻飛之勢，奇景別致，令人百看不厭，不忍遽去。此段景色，堪稱全程精華所在。

十一時十分，在靠近嶺頂隘口處，看罷蘆葦搖擺、意蕩神馳之餘，更如願親睹路旁另一岩石上刻著狂草書體的「虎」字，原來這就是盛名久著的「虎字碑」了。與來途所見「雄鎮蠻煙」兩個碑碣，均是古道著名的古蹟。據載都是清同治六年（公元一八六七年）台灣總兵劉明燈所書，前者有鎮壓山魔之意，後者以劉氏巡行抵此，曾爲狂風所阻，乃取風從虎之義，特書此字以鎮壓風暴。古蹟無恙，先賢已矣，天地悠悠，人何渺小！

不知係隘口地形使然，還是因緣巧合，虎字碑附近，先是沾衣不濕的小雨，繼則煙霧迷濛，山朦朧、樹朦朧，在古道最高點的草嶺頂福德祠附近，居高遠瞰，東北角海岸的萬頃碧波，滾滾白浪，都在煙霧中迷失所在，我們眞是到得不巧也。

就遊憩路線圖所示，草嶺頂附近，尙有蘭陽八景中的龜山朝日、薩嶺夕煙與北關海潮三處景觀，足資賞覽。然則朝日與夕煙，固非其時，海潮云云，又以天候所限，一片迷離中，霧失其所，只有望洋興嘆了。何況，涼亭上一陣留連，核計時間，似已落後許多，不容再作逗留，趕緊隨一批陌生遊客，匆匆覓道下山。

雖然下坡台階陡峭曲折，好在涼亭上乾糧、點心、茶水充電後，精神抖擻，且也隻身輕裝，自在如意，下山自是龍一條，遠比來時輕鬆愜意。離開嶺頂，天氣再度轉晴，在林間步道，穿梭下降。大約十五分鐘後，遇見一處涼亭平台，係早年客棧遺址。又下約五分鐘，一幢嶄新的洋式平房前，趕上幾位隊友，相逢一笑，互道新鮮。新屋係東北角海岸風景特定區管理處，爲協助遊客瞭解草嶺古道之自然及人文景觀、增進遊憩體驗而設置的遊客服務中心。據悉現場服務的多係假日義工，中有陳孟如小姐者，任職輸出入銀行，同屬金融一脈，對於她的奉獻精神，感佩尤深。人生以服務爲目的，他們纔眞是身體力行的一群哩！

出遊客服務中心，一陣急行軍，台階消失後，平緩的碎石路，告訴我們，目標諒已在望。偶而從樹葉縫隙裏透出的亮光，已經隱約可以窺見山下的公路與大海。加緊腳步往前衝，皇天不負苦心人，不遠處一棵大榕樹下，年輕的嚮導林慈邦等人在遙遙招手，看到他們，心裡好不興奮，我們終於順利越過草嶺古道，抵達終點站的大里天公廟了。

三、天公廟

在熱心的嚮導指引下，沿著石階上去，入眼一副「天竟何言九州欽仰化」「公無不悅萬姓樂承平」的石柱對聯，肅穆之感油然而生，如假包換的天公廟，我們參拜來了。看看腕錶，纔過午時，計自遠望坑起步，還不到三個小時，遠比預估到得早。儘管捷足先登者已不在少數，但仍在途中努力向前者尚所在多有。時間既頗從容，爲表虔誠，兼以入境隨俗，乃先到廟前禮拜一番，順求天公庇佑。

按大里天公廟，位於宜蘭縣頭城鎮石城里草嶺之陽，背山面海，風景偉麗，爲蘭陽第一，奉祀玉皇上帝（天公）。神廟創立，已經一百九十五年。但其正殿門聯，卻以「慶隔紅塵三界神仙歸掌握」「雲籠紫府九州黎庶賴帡幪」的「慶」「雲」兩字爲名，而未以「天」「公」爲首撰聯禮讚。原來天公廟於清光緒卅年（民前八年）經改建後，取宋蘇軾詩「一朵紅雲捧玉皇」之意，正名爲慶雲宮，只以「天公廟」盛名久著，一般人習焉不察，仍多沿用其俗稱，慶雲宮之名反倒覺得陌生了。

神廟經地方人士幾度修建，益壯觀瞻，正如該廟管理委員會編印簡介所描繪：「登斯殿也，睹神像之魏然、屋宇之精雅、香火之輝煌，莫不稱其宏偉瑰麗，肅穆莊嚴，而由斯殿之四望也，鬱鬱草嶺，佳木葱蘢而可悅；茫茫滄海，驚濤拍岸而飛雪，龜山朝日，早晨日出，起伏於駭浪之中，勝過阿里山日出，點點漁火，閃爍於長空之際，誠令人心曠神怡，而有羽化登仙之概。…」誠然，虔誠禮拜一週，在廟前古榕下鐵製涼椅上，隔欄遠眺，濱海公路、北迴鐵路，高低横臥，兩路過去，便是茫茫大海。但見汽車與火車競逐，碧海共長天一色，廟前縱有車馬喧，而風景秀麗，仍令人流連也。

廟埕四周，小攤環立，最難忘東北角海岸特產冰石花，形似杏仁豆腐，味猶勝之，入口清涼，沁人心脾，十元一杯，物美價廉。還有小魚乾、炸蝦餅等海鮮料理，舉座饕客，盡是古道行侶，相視一笑，意在不言中。

但最熱鬧的，還是那邊榕樹群下，咱們中信局的大隊人馬。但見樹蔭底下，兩大鍋酸菜肉絲麵，香噴噴、熱滾滾，圍鍋食客，川流不息，看衆生吃相，令人垂涎。原來主饋的是岳界嚮叮噹的前輩嚮導安維有老先生，此番應社長懇邀，專程前來，犧牲古道之旅，逕隨遊覽車直趨天公廟，選擇榕樹下空曠陰涼的地帶，率領林信陽、林慈邦、黃慶鴻等幾位岳社幹部，自十時起即幹起活來。至於酸菜肉絲等配料，胥由「掃把娘子」羅盛鍔夫人所準備，年來因公忙，撥冗不易，她已經脫隊多時，此行亦係難卻社長盛情，排除萬難而來。一粥一飯，果皆來處不易，激感之餘，當更知惜福爲是。

麵是一鍋接一鍋，食客也是一批又一批，到得以穩健沈著著稱的徐處長一行，與首度隨隊登山的莊處長伉儷等，都陸續抵達，俟全員到齊，也纔午後一時半，距領隊先前宣佈的二時半返程時間，仍有餘裕，於是神廟內外、榕樹底下、甚至濱海路邊，到處有我們逍遙的伙伴。詩不云乎「春有百花秋有月，夏有涼風冬有雪，若無閒事掛心頭，便是人間好時節」。偷得浮生半日閒，徜徉乎山水之間，此時此際，塵慮盡去，豈非「便是人間好時節」？

然而，好夢由來最易醒，平凡如咱們，又豈能眞無閒事掛心頭？一俟領隊哨音響起，眼下便又歸心似箭。返程蹉跎，起步也晚，一上路，便微覺不妙，塞車夢魘，心頭閒事，又上眉頭。等金沙灣俱樂部稍事解放，再上車，乖乖，眞的是夢魘都到眼前來，假日濱海公路的塞車奇觀，百聞不如一見，我們算是大開了眼界。

忍受了四個半小時的遲遲其行，抵達台北，纔告脫困，眞是不經一番塞車苦，怎得古道采風行？天下果眞沒有白吃的午餐，人間亦無儻來的「好時節」也。

中信通訊一九三期八三、一一、一

攜手登坪頂　歡心賀局慶

一、國恩局慶

打從數年前，一次成功的嘗試，博得同仁熱烈的迴響後，每年光輝的十月，總令人企予盼之，心嚮往之。不爲別的，在舉國歡渡雙十國慶，薄海騰歡前夕，咱們這些「中信人」，也早在爲自家局慶的到來而喜心翻倒。就像當年般，晚會也好，健行也罷，這一年一度的國恩局慶，當眞是人逢喜事精神爽。

果不其然，今年也沒讓人失望。除了配合CIS制度的推動，製贈每位同仁一件「中信」標記的T恤外，職工福利委員會，早在月前，就奉准委由山岳社籌劃一次大規模的郊山健行暨摸彩餘興活動，藉以誌慶，而幾位百岳健將，在他們那位銅筋鐵骨的社長戴文芳兄率領下，沒有登百岳而小郊山的鄙夷心態，也不以善小而不爲，仍然兢兢業業，戒愼戒懼，多方設計，幾度察勘，不嫌煩瑣的沙盤推演後，本於距離適中，坡度平緩、老弱咸宜的前提下，才煞費苦心的選定復興崗至坪頂國小的健行路線。於是，公告一發出，全局人心爲之聳動，或奔相走告、或邀明引件，興奮的期待著這屬於「中信人」特有的日子。

十月三日，良辰逢假日，秋高氣爽，踏青最相宜。八時左右抵達復興崗，但見山岳社幹部，身著耀眼的紅色登山隊服，三步一崗、五步一哨，親切熱誠的招呼著趕來赴會的各路英雄好漢，把他們一一引導至報到處。賓至如歸的舒坦，多拜他們週到的服務之賜。

一簇簇的人群，摩肩接踵，而更多的婦孺，猶圍聚在入口處的汽球攤，不忍遽去。人手一串，來者不拒，五彩繽紛，喜氣洋溢。然而「誰知盤中飧，粒粒皆辛苦」？君不見福利會的裘兼主任委員伉儷，率領著會裡有數的幾位小姐，正埋首充氣，以應君需，無奈「生之者寡、食之者衆」，儘管累得滿頭大汗，仍然應接不暇。好在授者全心奉獻，受者亦充份體諒，彼此客氣有禮，場面亦顯得溫馨而有趣。

簽妥名，領了一張摸彩票、兩份眷屬贈品單，好不容易穿出人潮，猛抬頭，「中央信託局五十八週年局慶自強活動報到站」的紅布橫額，高懸空際，迎風招展。凝目沈思，不由百感交集。五十八年、不算短暫的歲月，歷經對日抗戰、剿共之役到遷台復業，飽經滄桑，面臨時代與潮流的改變，這當年顯赫一時、金字招牌的國家行局，如今似也有與時更新、隨勢因應的必要了。所幸，自蔡局長履任以來，主動積極的作風，拚命三郎似的幹勁，已使得老大的中信局，有了令人耳面一新的感覺。化危機爲轉機，其實，憑她近一甲子的功力，莊敬自強，前途應仍大有可爲。看今天大伙參與局慶活動的熱絡勁，似乎可透露出一點訊息哩！

二、坪頂之行

我們到得晚，據說主席與局長兩對伉儷率同各單位主管，早在七時半即會齊於復興崗政戰學校門口，在福利會鄭主任文全兄擎起「中央信託局」大纛前導下，一一跨出豪邁的腳步，迎向山上。同仁等對於這些主政長者，都發出由衷的禮敬之忱，沿途掌聲連連，場面壯觀而熱鬧。

全長僅約四公里左右的健行路線，由復興崗所在的稻香路出發。沿著道旁小河前進，岸邊疏落有秩的垂柳，爲鬧區憑添幾許雅趣。過「稻香超市」，有集應廟矗立山坡間，公路隨著山勢蜿蜒緩昇，市聲與囂塵，漸漸被拋擲於身後。秀麗的山色，一一鋪展開來，雜花生樹，綠意盎然，漫步其間，塵慮漸忘。行道悠遊，笑談不歇，稻香國小才過去，聖心安養院隱現於林木間，透著幾分寧靜與悠閒。「不要忽視山勢的低小，也不要畏懼險峻的高山」，左側道牆上山岳社頗富哲理的標語，給人一番警示，卻也不失鼓舞作用，主辦者的苦心，值得肯定。

半個小時後，在一棵大樹下，加入休息乘涼的隊伍。樹下一片空曠土地，有私人興建的「明智宮」供人禮拜。俯瞰右側山下，屋宇錯落、道路縱橫，遠處圓山飯店堂皇的建築物，清晰可辨。稍事憩息，再出發卻已落後許多，不少後發者已趕到前頭來。健行活動，漸入高潮，算算時間，行程當已近半。轉過一個大彎後，左側林木稀疏，綠意掩映，下臨平疇萬頃的關渡平原，頗有天地為寬的感覺。語云：「數大就是美」，地狹人稠的台北轄區，寬闊的關渡平原，堪當「大即美」之稱而無愧！

「登山是我們的權利，淨山是我們的義務」。「留下你的腳印，請把垃圾帶走」。咀嚼山岳社不愧是山岳社，帶領大伙登山健行之餘，仍不忘把環保意識灌輸給登山客。再三，深自惕勵，沈思間，有鐘聲傳來，初以為係終站坪頂國小的呼喚，近前一瞧，原來「琵琶不是此枇杷」，是教堂而非學校也。

景色漸入佳境，過教堂後，左側圍牆一路延伸，牆外車水馬龍，笑語喧嘩，牆內綠草如茵，寧靜幽美，看來人間自有仙境，而仙境非他，乃大有名頭的國華高爾夫球場是也。圍籬深隔、侯門似海，不是「高而富」是不得其門而入的。但我輩凡人，亦大可不必灰心喪志，蓋「江上清風、山間明月」皆造物者之所賜，取之不盡，用之不竭，牆內如茵綠草，縱或不得其門而入，然而遠望不禁，境遇雖殊，娛目賞心，其樂一也。

球場盡頭，坪頂國小眞的在望了。沿途轎車奔馳不絕，人潮不斷，耳聞車聲與人語齊喧，目睹油煙共灰塵一色，今日山上，熱鬧必也非凡！

三、摸彩餘興

抵達學校門口，已九時又半，興沖沖把彩券投入票匭。兩張贈品券，則以現貨告罄，晚起的鳥兒沒蟲吃，只好留俟後補了。據說來人數逾二千，參與者衆，遠出預估，實屬非戰之罪。

在操場樹蔭下覓得一席之地，安置就緒，耳畔傳來局長熟悉而親切的聲音。原來自強活動的表演節目已經揭開序幕，主席先致過辭後，此刻局長正自以他一貫的憂心與豪氣，訓勉同仁在憂患意識之餘，更應自強不息。言之諄諄，即使在歡樂的氣氛中，同仁等亦頗爲動容。

坪頂國小屬於台北縣的山上學校，由於先天限制，原已不算寬敞的校園，驟然闖入兩千多位男女老少，更顯得捉襟見肘。巧的是，學校也正舉行親子園遊會，慷慨好客的黃校長，爲歡迎我們這一批都市訪客，特別撥出校園前半設備完善的運動場讓我們使用，主人盛情，纔使得表演節目有用武之地、深可感也。

節目在信託處科長趙薇小姐客串主持下，依序展開：有靜態的歌唱節目，也有動態的趣味比賽。成團未及半載，已在兩次動員月會中大露鋒芒的中信合唱團，穿著鮮豔奪目的隊服，以局歌帶動滿場歡唱。中信人唱中信歌，迴響熱烈，感受深刻。信託處的何中玉小姐一曲流行台語歌曲「車站」，以及公保台北市第二門診中心方平先生的「心所愛的人」，餘音繞樑，架勢不下於職業歌星。而同仁組隊的趣味競賽，如二人三足及雙人拱珠，寓發揮團隊精神於趣味活動中，設計巧妙、用心良苦。男女老幼不計、興高采烈參與，除同仁外，眷屬參加者亦大有人在。台中分局的張經理鐵軍，不但遠自台中趕返，且與夫人組隊參加雙龍拱珠，舉手投足間，具見伉儷深情，而熱心參與的精神，尤其令人感佩。

活動間，更精彩而引人的摸彩節目，穿插進行。六十枚二十分之一鴻運金幣，首先揭開高潮序幕，但見歡呼聲此起彼落，拔得頭籌者固然手之舞之、足之蹈之，意氣風發，而扼腕者亦仍寄厚望於壓軸，總以好酒沈甕底自我安慰。蓋此次活動，獎品之豐盛實爲歷來所僅見，除普獎六十枚金幣外，主席、局長暨各單位主管提供的大獎，尙有二十五項之多。酒越陳越香，獎越後越重，正所謂早來的不好，好的不早來，先馳得點者，又焉知是福？

然而，當大獎一一被領走後，淡淡的失望，漸襲心頭。及至關鍵的時刻來臨，衆所矚目的壓軸大獎，由主席與局長提供的洗衣機與電視機，獎落誰家，即待揭曉之際，一線希望又上心頭。大伙屏息靜氣，不少人口中唸唸有辭，或雙手劃十，或合掌膜拜，剎那間的平靜過後，轟然一聲，大勢底定。信託處的江副理士田與公保處台北市第二聯合門診中心的蘇惠娥小姐，得天獨厚，分獲魁首。眼睜睜看著兩位幸運的人兒把大伙的希望帶走，吊得高高的一顆心，頹然墜下，倖倖然走出操場內圍。高潮過後，絢爛歸於平淡，獎雖無著，人自有情，環顧會場，戀戀不忍遽去。

四、珍重再見

然而，天下無不散的筵席，酒店打烊，不走又何待？離去前，又到操場四周巡禮一遍：最熱鬧的福利會攤位那邊，滷菜、便當、乃至玉蜀黍、炸香腸等仍然琳琅滿目，熱鬧滾滾，圍站其旁的食客，或許難得一次的野餐，別具新奇滋味，猶自努力加餐，正不知大會之將閉幕云耳！

贈品組的工作人員，由於供不應求，提早收工，看他們忙裏偷閒，一副悠閒狀，竟拜的是人多物少之賜哩。然而未及時領到贈品的也別急，反正憑兌換券取貨，福利會必定會有妥善的解決辦法，保證不會退票的。

那邊司令台下，退休的沈前副局長徑瞻先生，古稀之齡，矍鑠如昔，圍聚一旁不少昔日的老部屬，對於久違了的恂恂長者，疏露出來的孺慕之情，使人對於中信局這個大家庭，益感自豪而珍惜。

是的，有緣來相聚，怎能不珍惜？兩千多位中信人暨其親朋好友，難得偷閒共登坪頂，半天歡聚，溫馨滿懷，如此福緣，豈是易得。此所以即使在主持人聲聲祝福與珍重再見聲中，負責攝影的丁專員鼎文兄，仍然意猶未盡，不停的「卡察」，到處捕捉珍貴的鏡頭也。末了，還請來主席與局長伉儷，兩對慶會主人在司令台前合影留念，而各單位主管乃至一旁準備離去的同仁，見機不可失，亦紛紛上前搶入鏡頭，冀留美麗的回憶。

隨後，主席等一行在衆入歡送聲中登車離去。而局長也在夫人的督軍下，親掌方向盤，展現平日難得一見的「運將」風采，揮手自茲去，留下一旁贊嘆的同仁以及此起彼落的驚羨聲。

掌聲過後，也該是落幕的時刻。人潮陣陣，奔向來時路，揮一揮衣袖不帶走一片雲彩，卻揮不去心頭歡笑的聲影。如此盛會、恁般慶典，良辰美景，賞心樂事，但願年年能再得，歲歲佳興同。

中信通訊行政革新專號八三、三、一

學然後知不足

——參加金融人員研訓有感

服公職忽忽卅年。少年子弟江湖老。想當年的鷹揚神采，滿懷壯志，到如今卻只落得世事蹉跎成白首。兩鬢飛霜、一臉菜色，雖逸興尚存，豪情卻減，活生生一幅「洛陽親友如相問，一片冰心在玉壺」的寫照。

人之將老，其情也哀。但其實，生老病死乃自然演化天則，任誰也逃脫不掉，與其作無病之呻吟，不如坦然以對。君不見宋儒朱敦頤就說過：「老來可喜，是遍歷人間，諳知物外，看透虛空……」；雖說諳知物外，看透虛空，小子不敏，焉敢企及，但是遍歷人間，把滄桑看盡，參透「世事一場大夢」的道理，則眞的是富貴於我如浮雲。知足地活著，人不堪其憂，回也不改其樂。

豈料，平靜的案牘生涯，風乍起，吹縐一池春水。垂老之年，待退之身，做夢也沒想到竟然還會奉派受訓，不啻平地一聲雷，枯井又生波。別人眼中的殊榮，對我這不可雕的朽木，卻是一次嚴酷的考驗。

垂老之齡，一向疏懶，重返教室，百般不願。而三週充電，接受的卻是金融人員研究訓練中心，口碑甚著，最高層次的「經營管理研究班」，機關栽培之情，上級囑望之殷，概可想見。難怪乎上課第一天，在學員自我介紹課上，十九咸有感激涕零之情；較諸來自各行庫盡屬經、副理級的同學，我這濫竽充數的，反而難掩其慚惶悚愧之態，此無他，實恐浪費公帑，有對牛彈琴之虞罷了。

依訓練中心規定，「經營管理研究班」召訓的對象，係以各行庫副理級以上人員爲限。據統計，歷年結訓學員迄今已有不少升任總經理者，績效既著，遂隱然成爲各行庫人員登龍之階梯，爭取參訓、義無反顧，其熱門不難想像。觀乎我們這一班卅二位學員中，捨我其餘，盡屬各行庫菁英，益證不誣。據說一年也只不定期的舉辦幾個梯次而已，由中心開訓迄今十餘年，到我們這一班，剛好卅六期，余雖德薄能鮮，竟意外的躬與其盛，能不暗呼慚愧？

然則世間儘多「及至到來無一事」，見面不如聞名者，因此，儘管高級班云云，仍頗不以爲然，初亦不過抱著既來之則安之的心態，懷著姑妄一訓的心情，十足做一日和尚敲一日鐘的逍遙派也。心想十幾廿多年的正規教育，也不過造就一個略識之無的不才而已，諒他三週短程講習還能有什麼大作爲？大不了虛應故事一番，點到爲止罷了。

原想上課也者，料也不過是一心以爲有鴻鵠之將至云爾。他講他的課，我做我的白日夢。初不料第一天兩堂課下來，首節央行林維義局長「我國信用管理」的實務講授，多少個中不足爲外人道的決策秘辛與苦心，以及次節由東吳大學余朝權教授主講的「行銷管理與資源規劃」，都有生公說法之妙，大有「聽君一席話，勝讀十年書」的感受。也許十年來不讀書也久矣，但兩位所授，亦確有其擅勝之處。瞧他余教授，一派斯文，論年齡只在不惑之間，飽學新知，亦莊亦諧，真的是英雄出少年，有志不在年高！

有道是「好的開始，是成功的一半」，朝聞道，夕受益，中心一日，觀感丕變，受訓的心情，也由無奈轉趨欣然。儘管「隔宿讀書便已忘，老來昏瞀更無方」，但名師難遇，機緣可貴，即便「十目方能下一行」，也只好一行是一行，意思到了，無愧我心，此外夫復何求。何況，「師父領入門，修行在個人」，確也強求不得。看開了，開了竅，此後一段受訓生涯，竟有如倒吃甘蔗般，漸入佳境。

一般說來，除極少部份課程與講師，稍未盡如人意外，研訓中心的安排，算得是煞費苦心，也沒讓人失望。其實，豈儘未讓失望，簡直還有些令人手之舞之，足之蹈之的興奮雀躍哩！而境隨心改，對於週遭的一切，也由肯定而讚賞，受訓的日子，感覺上也一天快過一天，正所謂流光如箭，匆匆不覺韶光換。當大伙還沈浸在經驗傳承與新知涵湧的情境裡，彈指之間，三個星期卻也在不知不覺間悄悄逝去。

回想起來，三週課程十九攸關金融專業領域，請來的老師，若係學者教授，多偏於新知啓迪與腦力激盪，對於觀念的誘導，極具啓發之效；如果是總經理、董事長之類屬於長字輩專家，則著重於實務講授與經驗傳承，其現身說法，別具魅力，使人印象深刻，受益良深。

幾個專題講座，如央行許總裁遠東先生的「亞太金融中心」，與研訓中心侯董專長金英女士的「金融風險的因應對策」都頗獲好評。前者以數十年實務經驗，身負金融決策重任，娓娓道來，不疾不徐，談言微中，會心處大有拈花微笑之妙；後者則係財金方面權威教授，頃自政大退休後，在有關方面力邀下，履任伊始。雖係就任後第一堂課，畢竟行家一出手，便知有沒有，以其深厚功力，誨人諄諄，彷彿春風輕拂，不受教也難矣。

最難忘「外匯管理」一課，因爲老師非他，本局彭理事主席是也。奉派受訓同仁，能親炙主席授課風采，固然倍感親切，但我這非銀行部門的，則「隔行如隔山」，先就大感忐忑。何況，外匯管理，既專又難，以主席多年主持央行外匯局的身份，自是最符資格的老師。他是會者不難，但見他講起課來，板書是手起如飛，口中則滔滔不絕，得意處更是眉飛色舞，舉座爲之傾倒。唯獨我則是難者不會，時時露出「蒙然張口，如坐雲霧」的窘態，恨自己的不學與無術，雖則也只能以「術業有專攻」來自我解嘲，畢竟總是技不如人也。

外交部即將外放的謝棟樑大使、在臨出國前夕，還不辭辛勞前來講授「國際習俗與禮儀」，敬業精神，令人感佩。先生對於「現代西方文明社會行爲規則」的詮釋與舉例說明，條理井然，中規中矩。尤其利用晚餐時際，現場示範西餐禮節，既得享朵頤之快，也讓眼界爲開。一些原來無知不察的行爲準則，經其一一道來，始有恍然若悟，如夢初醒的感覺。中心安排此一妙人節目，大伙咸有「無心插柳柳成蔭」的喜悅，頻呼過癮不止。

此外，還有二堂台大名醫的保健課程與三節禮能活動，乍看似有乖研訓旨趣，然究其實，本斑學員皆各行庫經，副理級幹部，多已不再是青春美少年，難得齊集一堂，經驗承襲與新知的領受，固然重要，身體的保健，尤爲個人最重要課題。即便名師如文化大學商學院長的謝安田教授，在「企業問題與決策」一課，以及政大林炯垚教授在「財務管理」課上，舌燦蓮花，傳道、授業、解惑之餘，歸根結底，最後的結論都是語重心長的強調「最好的投資是保養自己」。的確，「留得青山在，不怕沒柴燒」。健康之重要，尤其是漸入老境，體會更深。中心能鑑及此，設想之週到，足見其體貼與細心，眞個令人心感無旣。

受訓期間，適逢海峽彼岸熱演導彈武嚇鬧劇，此間報章傳媒騰播唯恐不及，導致人心惶惶，社會慌亂，一副動蕩不安之象，幾至人人自危。然則環顧中心受訓學員，則個個氣定神閒，安如泰山，絲毫不隨二手消息起舞，儼然也是一番「外熱內冷」現象。事實證明，薑果然是老的辣，不說什麼板蕩識忠貞等冠冕堂皇的大道理，只這一份鎮定功夫，就足堪爲穩定社會中的中流砥柱。

結訓前夕，中心體諒學員年高，爲減輕壓力，以心得報告取代期末考試。原以爲不過是之乎者也已焉哉，隨手塗鴨好交卷。誰想他雖有心放水，卻仍然高設門檻，所謂報告云云，竟然玩眞的，要我們就「銀行風險管理面面觀」，「現代化金融監理制度之探討」……等專業題目，五題選一，限時三小時內交卷，字數以二千五百字至四千字爲度。體裁與內涵完全出乎想像之外，簡直是當頭一棒，渾身冷汗直冒，暗暗叫苦不迭。等一陣慌亂過後，環顧四周，卻見衆家學長均已埋首疾書，鴨雀無聲矣。也難怪，他們這一票要不是系出商科學有專精，就是多年歷練，深具實務經驗，這些題目自然難不倒他們。苦就苦了我這書劍兩不成的法政老學生，書到用時方恨少。看看勢頭不對，情急智生，趕緊向鄰座學長借來參考資料。手忙腳亂的一陣大珠小珠落玉盤後，總算在時限內拼湊成篇。勉強交了卷，雖難登大雅卻有如釋重負的快感，暗呼僥倖不已！

此番受訓，由春節假期後的二月廿六日揭開序幕，歷三週而結訓。本局同仁尙有人事室的陳主任寶明，資訊處的徐處長博志、基隆分局的林兼經理金官，台中分局的陳副經理曜顯，調查研究處的黃副處長振瑩以及會計處的駱副處長振欣等幾位偕行，彼等胥屬一時之選，得附驥尾，除感榮幸卻也慚愧之至。金官兄身高聲宏，爲人熱誠，第一天即被推舉爲班副代表，也算爲局爭光。訓練期間，頻頻招呼大伙，解決民生大事，古道熱腸，親切可風。

想此番受訓，原出意外，乃既入寶山，一路行來，收穫之豐，竟大出所料，感懷之情，油然而生。原來到此一訓，絕非虛應故事一番，當日衆家學長的感激涕零，的屬肺腑之言也。深深記得台大徐木蘭教授，課堂上言之諄諄「把握當下，隨緣爲之」的人生態度，以及研訓中心候董事長的結訓贈言「踏實、競爭、好學」的人生觀，都如醍醐灌頂，直入本心，令人低徊三嘆，回味不已。當日結訓聚餐席上，感不絕於懷，也曾賈勇請纓，自願留班再訓，雖係戲言一句，卻也代表著我對研訓班由衷的肯定與依戀；何況經過這一番，更深體學然後知不足的道理，悟已往之不諫，願來者其可追。

中信通訊二〇三期八五、七、一

似曾相識燕歸來
——重遊花東見聞

一、祈福娘娘廟

打從上回隨「中信山岳社」，秋水長天，結伴遨遊，難忘的「碧海青山花東行」，屐痕歷歷，刻骨銘心。而忽忽歲月，竟已五易春秋。五年來，物換星移，世事匆匆，唯那花東的青山綠水，仍不時入我夢來：那海岸勝跡的滔滔白浪，那花東縱谷的椰影蕉林，還有同行老友的歡聲笑語……每一回首，輒深嚮往。

盼望舊地重遊，已經是西樓望月幾回圓了。這一番由水上活動社舉辦的「花東海岸縱谷深度知性之旅」，正可一圓舊夢。儘管遊覽車夜行的啓程方式，嚇阻了包括老伴在內的一群局外登山同好，但五年才一次的機會，若失之交臂，則後會之期將更渺茫，爲免於「珠落掌中偏不取，花看人採方知惜」之憾，經一番掙扎後，毅然決定千山我獨行，孤蓬萬里征。

主辦單位精打細算，利用三月廿八日連假前夕，深夜啓程，既省一宿之費，也有暢行之便。殊不知五十人座的雙層遊覽車，座椅間隔，捉襟見肘，侷促其間，坐臥兩難。出發前的興奮，在經過蘇花公路彎彎曲曲的折騰後，都化爲惱人的暈車之苦。眼見一旁精神抖擻、士氣騰騰的衆多少年家，想到自己枉稱登山老鳥，竟被一衆菜鳥與群雌比下去，看他們活蹦亂跳，了無疲態，我則如老僧入定，閉目咬唇。人道是上山一條蟲，我今則是車上一條蟲也。忍受著一路的搖幌動蕩，座位上伸腿張手兩不是，暗暗叫苦之餘，猛然憶起當年深山夜行車的艱險經驗，既自責於老來健忘也頗後悔此行孟浪。深深佩服老伴和一群山友的先見之明，但我如今已成過河卒子，何況船到江心悔已遲，說不得，只好勇往直前了。

此行，由於社長戴文芳兄，人的名兒樹的影兒，多年來在山岳社打下的響亮招牌，有口皆碑，因此，兩部遊覽車塞得滿滿的百員之衆，除同仁暨眷屬外，尚有慕名前來的局外同好。但環顧左右，竟遍覓不著當年水湄山涯間，山水同遊的老鳥們，一種形單影隻的自憐，幾許物是人非的感慨。所喜一車新人，意氣昂揚，青春洋溢，很爲旅中憑添蓬勃生氣。看他們個個精神抖擻，彼此熱絡，原來左隣右舍盡是壽險處同仁的天下，他們要非夫婦同行，出雙入對，便是舉家出遊，天倫情殷，一旁羨煞我這單飛的老鳥。

半夜驅馳，渾身無勁。翌晨，天色朦朧中抵達旅程首站，花蓮近郊的王母娘娘廟。廟相莊嚴，幅員廣闊，廟旁尚有一廟，額稱金母娘娘，兩家娘娘廟毗鄰而居，乍看難分軒輊。初臨其境，一時還眞不太容易辨別哩。大地仍在酣睡中，但娘娘廟已是燈火輝煌，人頭鑽動，香火鼎盛，令人嘆為觀止。自全省各地前來進香的善信，手持香火，把整個廟區點綴得不夜城般，熱鬧滾滾。當我們借地嗽洗也禮拜祈福一過，就在隔壁餐廳用罷早餐，於晨曦微透中登車離去之際，有進香團亦準備賦歸，但見二、三乩童，手比腳劃，漸出廟門，而一衆香客，則亦步亦趨，禮拜跟隨，虔誠肅穆，令人感動。有道是信則靈，覩乎他們的舉止，使人對宗教力量的無遠弗屆，更多一番體認。

二、行腳海岸山

經過個把小時的鬆懈與充電，再上車頓覺神清氣爽。車出市區，沿著蜿蜒壯麗的花蓮溪與青葱翠綠的海岸山脈西側道路南行。猶記上回花東之行，係由海岸公路南下經花東縱谷北返，此次反其道而行，由山路南下經海線北上，殊途同歸，各盡其妙。海岸山脈西側道路，係繞行山間產業道路，與花東縱谷公路平行，而人車遠較稀少，更宜行旅健行，路程設計，頗具巧思。

畢竟山路難免崎嶇，好一陣左彎右轉後，又把人震得暈頭轉向，昏昏欲睡，枉他一路的山巒疊翠，也無福消受。所幸一個半小時光景，在原住民部落的三興地界及時刹車。獲知健行的口令，如遇大赦般，久困得蘇，當即一馬當先，搶到前頭，下得車來，深深吸上一口新鮮的空氣，頓覺五臟六腑，滿懷舒暢，又是龍一條也。前段健行，暫以一小時為限，初試腳力，雖意有未足，畢竟一夜勞頓，體力亦未盡恢復，淺嘗輒止，權充暖身運動。

山間寧靜，道路兩側，或筆直的檳榔樹林立，或翠竹枝葉搖曳。左邊是近在咫尺的海岸山脈，右邊隔著一大片稻田，綠野逶邐，遠處依稀見得到花東縱谷公路相隨而行，公路過去偶而也看得見北迴鐵路上的火車快飛。更遠處的中央山脈，群巒疊翠，層次分明。漫步其間，觸目青翠，養眼之極。

八時半，抵達東富國小，完成首役健行任務。這是一所阿美族的山間小學，校舍不甚起眼，環境則清幽脫俗，頗有不食人間煙火的味道。再上車又半小時，在西富地段展開另一段約十公里路程的健行活動。此去沿途柚仔花香撲鼻，檳榔青仔纍纍，山間道上，蒼蒼橫翠，而菜園田野，迭見群蝶飛舞，更把寧靜的大地點綴得五彩繽紛，生意盎然。行行復行行，長亭更短亭。到得東興地界，但見兩旁逶迤排列的花樹，鮮豔迎人：幾間紅瓦白牆錯落有秩的現代建築，令人眼前一亮，細探究竟，獲知竟是久有耳聞的台灣自強外役監獄所在。有道是聞名不如見面，今日無意間親臨其境，目睹其盛況，使人對台灣獄政人性化的一面，不得不豎起大拇指，贊嘆一番哩！

十公里路程，原非艱鉅，但今日滿車婦孺，況漸行漸近午時，日正當中，炎陽肆虐，不耐跋涉者漸衆。但見稀稀落落的伙伴，漸行漸遠漸無人。空曠的荒野上，一個人踽踽獨行，大有前不見古人，後不見來者的蒼涼之感。汗，涔涔地下，氣，呼呼地出，老夫亦將告饒矣。所幸，幾將虛脫前，終於等來企盼中的救星，也會心一笑欣見滿載提前上車的伙伴。上車後，輕閉雙眸，任憑她一路馳騁，反正，不達目的地，是再也無動彈之勁了。

車去如飛，午時纔過，瑞穗到了。這個秀姑巒溪泛舟重鎮，也是今午打尖之處，想當年，「輕舟飛渡秀姑巒」，已經幾度經臨，前度劉郎今又來，風景不殊，親切如昔。喜見太平洋泛舟公司老闆夫婦，別來無恙，熱情依舊。一頓豐盛的午餐，把大夥料理得精氣神十足。

告別瑞穗前，在一公里多長的瑞穗大橋上，瀏覽風光。環顧周遭，雄偉壯觀，美則美矣，但橋下秀姑巒溪，久旱水枯，往日波濤起伏，浩浩蕩蕩之勢已渺不可得。但願天降甘霖，早復舊觀，否則，長此下去，眞個不知伊於胡底哩。

三時半抵達玉里，未晚先投宿。一日半的勞頓，至此獲得解脫。

晚飯前後充裕的自由活動時間，漫步街頭。睽違五載，依稀舊識，小鎮樸實如昔，有一份兒時故鄉的親切感。但老舊店家，冷落車馬，小鎮似乎更顯得落寞與蕭條了。

三、濱海北回歸

玉里一夜酣睡，起來神充氣足。晨六時，原車續奔前程。

行駛在花東縱谷筆直亮麗的公路上，兩旁寬闊的平野，一片綠油油的稻田，搖曳多姿的大王椰，檳榔樹，還有數不盡的綿綿蕉林，似曾相識的熱帶風光，與昨日的海岸山路各擅勝場而更感親切。

過富里，車向東行，又入海岸山脈，也正式跨進台東縣境。在一處隧道出口號稱小天祥的山谷下車健行，但見山澗溪谷，危巖峭壁，幽靜絕俗，旖旎風光果然不負盛名。領受高山晨景，飽餐秀色，一路行來，自在悠遊。半個小時眨眼過，興猶濃，奈前路方遙，車不等人，一陣急馳，漫山揚塵。東河農場附近，有人不甘寂寞，頻頻高喊停車「唱歌」，是誰湊趣「上車睡覺，下車尿尿」的戲言，引來一座哄然，也爲漫長的旅程，製造一次謔而不虐的趣談。

十一時左右，抵達海岸山脈末梢風景秀麗的泰源幽谷。佇立紅色醒目的東河橋上，已經可以遠眺浩瀚無涯的太平洋，一片水連天，天連水的景象，令人悠然神往。幽谷係台東勝景之一又逢連假旅遊旺季，難怪乎人潮處處，恍如鬧市。深山一路過來，車少人稀，至此有重返人間的感覺。然則塵囂紛至，人聲擾攘，大失幽趣。催促各自取景留影，表示到此一遊，便又急急整隊，車去如飛了。

東河處於台東縣境的海岸地帶，三夜四天的花東之旅，至此已經完成了海岸西側公路花東縱谷行程。前此所經，大抵穿梭於山間林徑，自東河北返，則濱海一線，海岸勝跡處處。無奈沿途車如流水，塞車夢魘，大敗遊興。而距中午打尖的八仙洞仍有數十公里之遙，這一路上再也不敢多作耽擱。過成功，懷念柴魚想當年，錯過成功漁港漁舟晚唱的盛況，徒增悵惘。三仙台、石雨傘亦可望而不可及，遙望浪花滾滾，波濤洶湧，依稀舊識，雖僅一瞥，好在靈犀早通，正所謂「億載相別而須臾不離」，自前番邂逅，已勝卻人間無數，就不在乎這朝朝暮暮了。

心急行緩，待抵達八仙洞，已過午時，飢腸轆轆，而餐廳卻是人滿爲患。說時遲，那時快，但見眼明手快的領隊率同羅盛鍔、林信陽、林慈幫等幾位幹部，才一眨眼工夫便已搶得機先，招呼大夥入座之不足，還長驅直入廚房重地，客串跑堂，把一盤盤熱騰騰、香噴噴的大鍋菜，先馳得點傳到大夥席上，一時間，碗筷與條根齊飛，塊肉共青菜一色，如風捲殘雲般，好不快哉！

飯後小憩，漫步八仙洞裡號稱第一洞的靈巖洞，重睹懸於壁間的禪宗十牛圖，如見故人，喜不自勝。餘景以時間倉促，緣慳爲憾。

二時半，過長虹橋沿瑞港公路重返瑞穗。全程沿秀姑巒溪岸邊山徑迂迴而上，山光水色，幽則幽矣，唯山經崎嶇狹窄，幾處趕工拓寬路段，山石碎落，泥濘難行，進退之間，險象環生，勉強通過，餘悸猶存。隔天閱報獲悉，當日薄暮時分，天雨山崩，築路工人與怪手，俱爲土方所掩，我們幸得逃過一劫，娘娘廟一早祈幅，信而有驗乎？

過瑞穗，步上花東縱谷坦途，風馳電掣般疾駛光復鄉。此地聞名遐邇約台糖冰淇淋，一衆老少，垂涎久之。此番跋山涉水，專爲它來。果然見面猶勝聞名，但見人山人海，競嚐美味，衆生百相，流連陶醉，套句廣告用語，台灣人眞的是福氣啦！左隣右舍幾位活潑有勁的女士們，又吃又帶的，胃口之佳，購買力之強，眞令鬚眉甘拜下風。詩人余光中有首打油詩說：「昨天太窮，後天太老，今天不買，明天懊惱」。想來，或許眞個是人同此心，心同此理吧。

四、兆豐果酪香

薄暮逼臨，微雨輕飄，而一群婦幼仍戀戀不去。台糖冰品，果具十足魅力。奈遠路還須愁日暮，在掃把羅盛鍔兄的哨音催促下，總算及時把一群幾將迷失的羊兒，趕上車來。開往旅程末站，位於花蓮縣鳳林鎭郊的兆豐平林休閒農場。

提起此馬來頭大，不僅佔地七百五十公頃的廣大幅員，令人咋舌，新光財團的豪門後盾，更使人刮目相看。據說農場歷經數十年的慘澹經營，將當年荒蕪一片的河川地，由草徠初闢到如今規模粗具，年來漸已成爲熱門的休閒渡假勝地。此行大隊人馬得以進駐，側悉還是領隊透過各種關係，極力爭取才得遂所願呢。

抵達農場時，華燈已上，小雨惱人。計劃中在草地上舉行的營火晚會，固然泡了湯，於星光下，趕時髦，追尋百武慧星的芳踪，也成了畫餅。掃興之餘，咸嘆天不作美。

倒是以掃把娘子羅大嫂爲首，幾位娘子軍外加會計處現兼山岳杜長的王科長毓槐兄，還有林信陽、林慈幫……等幾位嚮導，在夜雨路燈下，一陣煎煮炒炸，只個把小時工夫，便像魔術師般，變出了足供百人飲用猶有餘裕的烤肉片，米粉湯，大鍋麵，讓大夥在氣溫陡降，凍餒交加的行程最後一夜，享受到一頓及時出爐，熱到最高點的別致晚餐。一群老幼，幾曾見此場面，飽餐之際，嘖嘖贊嘆之餘，一副感恩莫名之狀。其實，豈只這一餐，想到旅程中的種種安排，諸多造化，謝這謝那之餘，我們還眞該多多謝天謝地才是！

儘管廣闊農場的幾個露營場地，還有一些勇士，冒雨在那裡又唱又跳的，但我們已是腹便便，思欲眠，萬事莫如上床先。

翌晨起個大早，在空曠的草地上，比手劃腳一番後，意猶未足，信步所之，徜徉於農場筆直的大道上，看四處青山隱隱，野曠人稀，悠遊自得，頗有葛天氏之民的遐思。及至道路彎處，突現單車騎踪，腦海裏靈光一閃，見賢思齊，有樣學樣，也租來單車一部，腳踏雙輪，追逐前人，正是春風得意單車疾，一路逛遍兆豐區。

最難忘開放的菓園區裡，難得一見的枇杷林。儘管時機不巧，碩果已寥寥，但尋尋覓覓，偶有發現，那種衆裡尋他千百度，那人卻在燈火闌珊處的快感，確使人樂不可支。離開菓園趕到乳牛區品嚐剛出爐的熱鮮奶，又是另一番罕有的享受。奶香撲鼻，入口甘醇，據說較之聲名久著的初鹿鮮奶，不遑多讓。三杯下肚，意猶未足，不禁爲那些仍高臥枕上的伙伴太息，彼等貪眠失機，到底還是早起的鳥兒有蟲吃！

半個上午的自由活動後，滿懷離緒，依依告別兆豐，造訪號稱全國校地最大（二百五十餘甲）的東華大學。踏入空曠的校園，心胸爲寬，繞行一周，卻有惜乎時不我予的感嘆。旅程漸近尾聲，驟感歸思難收。到新城一家日式海鮮料理店，一客自助式的午餐，讓大夥撐得腹便便，樂陶陶，爲此行劃下完美的句號。

飯後歸程，凜於蘇花公路揮之不去的暈車夢魘，臨時起意，自行轉搭火車。正所謂不經一番暈車苦，怎敢臨陣當逃夫。未能隨隊一路返台北，非不爲也，實不得已也。

中信通訊二〇四期八五、十、一

遊美瑣記

一、又見賭城繽紛

自從解嚴以來，或探親或觀光，「出國」簡直成了時尚所趨，擋也擋不住。但說來慚愧，我可是這股風潮下的異數：只因多年來，久受內耳不平衡二豎欺凌，夙有暈機之憂，向來望九霄而驚魂，遲遲不敢出國。直到前年秋天，一方心懸負笈彼邦的女兒，他方也感於兩岸都快三通了，再不破繭而出，豈不眞成了碩果僅存的稀有動物？

豁然想通後又在親情的呼喚下，慨然與老伴作了一趟美西的破冰之旅。安然去來，竊喜高飛無恙，桎梏解除，也恢復了壯志凌雲的信心。

於是，在睽違一年半後，在女兒畢業前夕準備就職的空檔裡，隔海幾度殷殷電邀，千里情牽一線間，再度挑起驛動的心，倉促間，欣然與老伴匆匆就道，重訪太平洋彼岸的舊雨與新知。

直飛舊金山的長榮客機，準時抵達目的地。便捷順暢的入境手續與親切招呼，讓初臨其境的我們倍感窩心。看到正男兄熟悉的身影出現在眼前，一聲歡呼，滿懷自在。重遊舊金山、再訪他聖荷西的家園，二度相擾，他仍是輕車熟路，心感之餘，更珍惜可貴的情誼。

舊金山折返聖荷西途中，順道過訪老友清泰兄刻在矽谷半工半讀，即將取得博士學位的長公子元基；一別十餘載，當年不識愁滋味的渾小子，如今已長成翩翩一紳士，成熟穩重，笑態可鞠，儼然就是他老子的翻版，欣羨之餘，也不由自已的會心一笑。

聖荷西興奮的一夜，倚西窗、話當年，多少前塵往事，盡付笑談中。

當太陽再度升起，也是我們踏上異國土地的翌晨，一大早，便在正男兄的安排下，坐上他豪華的轎車，展開三天兩夜的賭城——拉斯維加斯之旅。

聖荷西到賭城，全長五百餘哩，換算公制，計達八百多公里之遙，幾乎是台灣由南到北直線距離的一倍半。所以捨飛機而不由，並非無懼於長途跋涉之勞，而是想藉沿途風光，作更深度之旅遊也。

一位原籍台中旅美多年，經營房地產與餐飲業兩皆得意，因著相同背景而與正男兄成爲莫逆的蔡君，也加入我們的陣容。天涯逆旅，相逢就是有緣。

離開市區後，在以阿拉伯數字做標記的高速公路上轉換前進。兩旁寬闊的原野上，處處可見縱橫交錯、疏落有致的果樹，一畦一畦的菜圃，整齊有序地排列著、蔓延開，令人目不暇給。公路似無止境的延伸，遼闊的農園過去，接著是廣漠的旱地，平原盡處仍是平原。天蒼蒼、野茫茫，車少人稀，天地悠悠，讓我們見識了文明美國草味荒涼的一面。

行行復行行，三位男士，交替駕駛，說說笑笑，倒也樂在其中，了無倦意。穿過空曠的沙漠，在夕陽餘暉裡，乍見幾處閃爍燈光，「CASINO」廣告燈燦爛奪目；更遠處，隱約可辨形形色色的雄偉建築，矗立在一片燈海中。走過荒漠，我們終於找到綠洲，賭城像一顆閃閃發亮的明珠，緊緊吸引住我們。

前度劉郎今又來，景象依稀；滿街五彩燈飾，璀燦夜景，仍然令人眼花撩亂、目炫神迷。同行蔡兄係ＶＩＰ級常客，持有免費住宿券，我們也沾光享受對折優惠，兩夜豪華客房，所耗不及美金百元，物超所値，惠而不費。其實，這正是他們的高明處，低廉的食宿供應，適足以引來更多的銷金客。

凜於十賭九輸之訓，況兼強龍不壓地頭蛇，儘管技癢，仍強作壁上觀。一家逛過一家，撲克牌、牌九、輪盤、吃角子老虎……隨時隨地向我們招手。躊躇至再，豪賭固然不敢，不賭亦心有未甘。於是，小博以遣興，也不枉迢迢千里走一遭。

每家CASINO設備之豪華壯觀，以及爭奇鬥艷之各式表演秀，是賭城的另一特色。如果以紙醉金迷、聲色犬馬來形容似亦不爲過。想想那些一輩子操盤維生以賭爲業的人員，生活天地與目標，都寄託在輪盤與紙牌上，終年不見天日，如此人生，看似優閑，實亦非常人所可及也。

賭城聲色久聞名，何幸而一年半裡兩度光臨。但，淺嘗輒止可也，實在也沒什麼好留戀亦留戀不得也。

二、鹽湖城樂敘天倫

重返聖荷西，到蔡兄在史丹福大學附近開設的「金金餐廳」，享受一頓豐盛的中華美食，主人盛情，遠客心感。

揮別聖荷西，趕往猶他州的鹽湖城。登上 Delta 國內班機，但見舉座盡藍眼隆準之輩，環顧左右，大有萬里投荒的蒼涼之概。

原訂午後一時起飛，屆時卻從麥克風裡傳來機長急促而帶有歉意的聲明；國內飛安事故頻傳，國外竟也遭此不巧，內心焦慮，卻求解無門。一個多小時過去，已經有部份不耐久候的旅客揹起隨身攜帶的行囊，「Bye-Bye」而去。一位好心的美籍少婦，看到徬徨無助的我們，特地趨前解說，經過一番比手劃腳後，斬釘截鐵的告以此去鹽湖城，已無他機可乘，惟一的辨法，就是安心等待。事已至此，急也無益，等就等吧。請出諸路神明，心裡默唸南無阿彌陀佛。或許是心誠則靈吧，不到片刻工夫，便傳來機件無恙準備起飛的訊息。一陣歡呼，大事底定，謝天謝地，雖然耽誤了近兩個小時，總算有驚無險地飛抵鹽湖城。

是興奮也心急，一路跑向行李站。領出託運行李後，卻不禁暗暗叫苦。想前年首航，出得機門，便見女兒與男友偕候當場，而此番誤點打岔，匆忙中頓失約會之所，接應無人，四顧徬徨，斯時也，又豈一個慌字了得？硬著頭皮，見一個問一個，情急之下，簡直是治絲益棼，理不出頭緒。進退失據，難解難分之際，總算天可憐見，但見女兒、振驥和她的姨丈啓貞三人，從另一頭急急趕來，峰迴路轉，柳暗花明，眞的是「乍見翻疑夢」，天倫聚首，喜從天降也。

啓貞此趟因商務來美，原約定今晨由丹佛西飛抵此短聚，也因暴風雪阻礙行程，延誤半天，纔於我們著陸前片刻抵達。兩地班機不約而同出了狀況，行人固然心焦，自午後二時即趕赴機場接機的女兒與振驥，可也急得熱鍋上螞蟻一般。想他倆自年前返台文定，如今都成了一家親，「有事，弟子服其勞」，雖說義無反顧，但無端遭此折騰，卻也令人不忍。

振驥就讀的猶他大學，座落於鹽湖城郊的山坡上，兩房一廳的學生宿舍，五臟俱全，比起當年我們在木柵指南山下的研究生宿舍，簡直有天壤之別。作客的日子，就以宿舍爲基地，由振驥客串嚮導，走訪猶他州的摩門聖地、親炙山間人車喧嘩的滑雪勝境、躬臨浩瀚無垠卻如一池死水的鹽湖，俯瞰萬家燈火的鹽湖城璀燦夜景，也攀爬過校園附近的登山小徑，暢吸鹽湖城乾淨清爽的空氣，領教摩門教徒淳樸寧靜的生活環境，總之，這毗鄰加州的摩門教聖地，我們除了耳聞目睹其風華之盛，在兒輩陪侍下，也紮紮實實享受了一段濃濃的親情，滿懷溫馨，久而彌醇。

三、紐澤西訪故人

鹽湖四日，歡聚苦短。啓貞達成任務後，續奔前程。我們也在女兒作陪下，飛往美東。

此段行程，一切有女兒擔當，我們倆老也樂得輕鬆自在。當飛機經過五個小時的飛行，緩緩降落於紐約市郊的甘迺迪國際機場，已是薄暮時分。出口處，寒風夾細雨，迎面撲來，攝氏零度上下的低溫，凍得人不由得手腳發麻。意外而刺激的見面禮，讓我們這來自亞熱帶的觀光客，一時還眞難以消受。而前來接機的女兒同學明媛，卻迷失在偌大機場的幾處出口，折騰了半天，等脫困而出，已經是萬家燈火，眞眞急煞人也。

明媛在紐約工作，賃居於一橋之隔的紐澤西。爲便於接應，替我們在其住處附近的一家汽車旅館訂妥房間。她的這一安排，無心插柳，卻造就了一段故人萬里相會的佳話。

紐澤西一覺醒來，窗外一片銀色世界，昨夜低溫，締造了此地多年罕見的雪景，我們到底來得巧還是不巧？

明媛帶我們參觀附近的美東超市，往來皆我族類，乍聆鄉音處處，猛然憶起美綾一家移居紐澤西，此地多華人，或恐是比鄰？試探性的打通電話後，一聲親切的哈囉，話筒彼端驚喜與雀躍之情，流露無遺。於是就這般因緣巧合的作了一趟不速之訪。

縮短原訂行程，跨過曼哈頓河上的華盛頓大橋，車中巡禮，匆匆一瞥雪花飄飄的紐約街景，便重返紐澤西。趕抵約定地點，已是黃昏山區，夕陽染紅了半天雲彩，美景迷人。未幾，美綾開車前來。闊別十年後，天涯一相逢，歡欣與感慨，盡在不言中。

車子沿山徑盤旋而上，花樹掩映中，紅瓦白牆，處處驚艷，原來我們已置身山間高級別墅區。贊嘆聲中，車子在一座豪華巨廈前停下來，門前斜坡五六百坪寬廣的草坪上，一幅以水泥砌塑的台灣地圖，明顯的標誌，不言而喻，這裡必然就是慕名已久的楊家府第了。據說地圖還是美綾尊翁手製，按圖索家園，咫尺天涯，不禁鄉思縷縷。默吟「信雖美而非吾土兮，誠何足以少留？」之句，是否老人家也有假此以昭示勿忘故土之至意在？

伯珍兄駐節西德，久滯未歸。當年秀姑巒溪同舟共泛的楊家小姊弟，忽忽皆已壯，怡然敬父執，依稀舊模樣。豐盛的晚宴，「主稱會面難，一舉累十觴」，但想到「明日隔山嶽，世事兩茫茫」，久別重逢的喜悅隨即化作陣陣離愁。誠然，天下沒有不散的筵席，不意此番萬里遊蹤獲此機緣，眞是大快人意。

深夜辭歸，出森林履平地，彷彿由仙境重返人間。卻顧所來徑，林木森森，夜燈閃爍，武陵人遽失桃源所在，難免一絲絲的悵惘之感。

四、華府、紐約自在行

翌晨，告別紐澤西，加入兩天一夜的華盛頓特區旅遊團。之前所經，旅遊兼訪友探親，此後行程，則純以觀光爲主，逍遙自在，了無牽掛。

遊覽車自紐約開來，從紐澤西一路南下。先抵賓州首府，在美國歷史上以獨立戰爭與自由宣言而著名於世的費城。獨立廣場上憑弔開國先烈，古道照顏色，典型在夙首；自由鐘與獨立宮，更令人發思古之幽情。一個多小時的停留，恰似瀏覽一頁建國史。

再上車，又是一陣漫長的奔波。時值冬末草木凋，平疇千里人車稀。入暮抵達維吉尼亞，名聞遐邇的仙人洞裡，鐘乳怪石，肖人肖獸，氣象萬千，地底奇觀，果然令人眼界大開。惜洞口外空曠草原上，暮色已沈沈。計自出發以來，遊蹤經歷五大州，路程達八百餘公里，倦鳥思歸巢，行人找宿頭，急急趕返華盛頓近郊安歇。

次日，行程更加緊湊，自五時半晨喚至午後三時間，一口氣參觀了特區多處名勝。首先映入眼簾的是高一六六公尺，有華盛頓地標之稱，白色尖塔型的華盛頓紀念碑。象徵合衆國五十州的五十面星條旗，圍繞一周，彷佛紀念碑下方的擺飾，五彩繽紛，煞是耀眼。以之爲核心，分建在前後左右四個方位的白宮、國會山莊、林肯與傑佛遜紀念堂，如拱月之星，亮麗無比。

白宮是美國乃至全世界政治中心，隱藏於護牆與林木之內，外表看來並不起眼，雖只局部開放，仍然門禁森嚴，設有名額限制，慕名前來者衆，被摒於門外者也不少。

比起白宮的隱密，國會山莊則具有雄偉莊嚴之勝。這裡是美國國會的議會會堂，圓型大廳內，壁上懸掛的八幅巨畫，細述自草萊初闢至獨立建國的史實，緬懷先賢，令人肅然起敬。適逢休會時刻，但議事殿堂的威嚴與肅穆氣氛，也使得衆多遊客無一敢於喧嘩。想起咱們貴國那些動輒攘臂捲袖、比分貝、造聲勢的熱鬧場面，果眞的是禮失而求諸野乎？

林肯與傑弗遜兩座紀念堂，都是神殿般建築物。兩位名標青史的偉人，一般等高的塑像，栩栩如生，前者坐如山，目光炯炯，虎視國會山莊；後者立如松，兩眼有神，緊盯白宮，監督立法與行政，寓意至顯。像這般處處以維護民主體制的設計與苦心，難怪乎其民主政治之得以發皇光大，也算是其來有自了。

緊湊的參觀後，有半個多小時的空閒，徘徊在附近空曠的公園草坪上。寧靜的人工河周圍，據說當年戰後日本呈獻的二千四百株櫻花，寒冬裡微露春意，幾棵早開的櫻花，點綴其間，清新絢爛，令人倦意頓消。

告別華府前，細心而親切的導遊，仍然不厭其煩，硬是帶我們到太空博物館，詳細引介萊特兄弟的滑翔機以及在日本廣島投下第一顆原子彈的戰機模型，言者諄諄，聞者足戒。

充實的行程、盡職的導遊，讓我們享受兩天自在逍遙的假期。短暫的相處，留下無盡的去思。珍重再見聲中，不自覺的想到人之相處，果能推誠相與，眞心對待，相信人間必會處處有樂土。

夜深返紐約，自在三人行，下榻在洋場十里的第五街一家四星級飯店。燈火仍輝煌，人兒卻倦極欲眠。

一宿無話，翌晨早起。小別數日，再見紐約，氣溫仍低，陽光已現，與初來之時的冷風細雨、雪花紛飛迥異其趣。

上半天，搭地鐵、乘遊輪，登臨紐約港口的自由島上，瞻仰舉世聞名的自由女神像。一波波來自全球各地的遊客，顯見得她的魅力果然不凡。遊輪上，遠眺曼哈頓島的擎天大廈群，怡然自得之餘，對於這世界第一大都會的高聳外貌，更留下深刻印象。

午後，返回市區，到大都會博物館附庸風雅一番。有人說，到紐約常有「一步一驚喜」之嘆，大概指的是其藝文之盛與博物館的豐富內涵而言吧？惜乎我輩鄙陋不文，不過是匆匆一瞥罷了，哪來驚喜之嘆。倒是漫步街頭，耳畔頻聞喇叭車聲，眼前但見匆忙的行人，不停的穿梭於紅、綠燈的閃爍中，「綠燈快走，紅燈快跑」之說，信而有徵。大都會的噪音與交通亂象，比起咱們台北，似乎不遑多讓。或許這纔是另類的一步一驚喜吧！其實，以紐約之繁華獨大，又豈是我們一朝一夕之間所能窺其全貌，有幸到此一遊，已屬分外之喜，至於後會之期，一切自在隨緣可也。

重返鹽湖城，又見雪花飄。此番遊屐到處，似乎與雪結緣。尤其鹽湖歲月，山巔飛雪、枝頭懸冰，一片銀白世界，對於久居亞熱帶的我們，實屬罕見的景象。

然而雪景雖美，他鄉非故鄉，終於還是到了該束裝的時候。女兒與振驥送我們到機場，代爲辦妥一切手續，揮手自茲去，送別兩依依。

飛返舊金山，也是 Delta 國內班機。比起去程的波折，返程意外晉級頭等艙位，飄飄然享受了一個多小時的ＶＩＰ待遇，憑添一段難忘的回憶。

轉機返台，喜見么兒前來，闊別半月，益顯人親土親。重返家園，雀躍不已，而萬里歸來，思緒難禁，雪泥鴻爪，永銘心版。但願人長久，後會恒有期。

中信通訊二一一期八七、七、一

人間淨土瑞士行

一、過門不入蘇黎世(Zurich)

遠離枝頭鳴夏的蟬聲，暫別暑氣逼人的台北，也不去與聞政壇嘵嘵不斷的口水之爭，在鳳凰花開的季節裡，與老伴、老友，結伴天涯，到萬里外自居歐洲之中的瑞士——森林、湖泊的童話世界，也是旅遊者心目中的夢土，作了一次豪華、悠閒的圓夢之旅。桃源踏過，處處驚艷，事事新奇，陶醉之餘，恐春夢無痕，趁記憶猶新，且來「逢人紛紛說短長」吧。

搭乘泰航班機，夜奔蒼穹，三個半小時後，在佛教王國的首府轉機。機場免稅商店巡禮一過，宏規偉構堪羨，但商品價昂，令人望而卻步，好在過境觀光，閒逛已足自娛，任他標價高低，干卿底事？

轉機續向西飛，越過重洋，飛越大陸。逼仄的座位，動彈維艱，機上夜宿的滋味，豈一個「苦」字了得。

漫長的十六個小時難挨總得挨，終於在一陣緊張與幾許期待聲裡，巨鳥劃破層層雲霧，重返大地。歡呼聲中，旅程首站，瑞士第一大城蘇黎世以晨曦相迎。清晨六時，天空仍顯黯淡，濕冷的空氣，與台北的暑意，迥異其趣。

身為瑞士第一大城，也是世界第四大股票交易中心的蘇黎世，既是工商重鎮，也屬於國際級都市。慕名久矣，奈行程設計，於入境後旋即匆匆南下，展開旅遊活動，堂堂第一大城，竟然差肩而過，緣慳一面，殊可惜也。

此行號稱深度之旅，行程係依順時針方向，繞行瑞士一周，深入各地尋幽訪勝。旅行社安排了一部四十五人座的豪華遊覽車隨行伺候，舒適便捷，讓我們這總共僅十五位團員的迷你隊伍，在「行」的問題上，得以高枕無憂。

南行沿途，滿懷新奇，但見高架道路，橫越穿梭，與國內所見相似，倒是潔淨的路面，安靜的車陣，一副安詳寧靜的景象，初履斯土，便隱然感受到這個國度的清幽氣氛了。

抵達郊區一處廣場，停車步行五分鐘後，號稱歐洲最大，也是萊茵河上唯一的萊茵瀑布，以萬馬奔騰的氣勢，呈現在眼前。廿多公尺高的落差，造就了她喘急的怒吼聲勢。漫步在瀑布沿岸的步道，眼前山青水綠，幾處人家庭院深深，靜謐安詳，更襯托出瀑布的蓬勃朝氣。

上車續奔前程，瑞士境內的小國列支敦士坦公國首府—華度士(Vaduz)，十分鐘走透透。據說公國人口總共僅三萬多，與瑞士同為中立國，但瑞士迄未加入聯合國，彼蕞爾小國則係聯合國成員之一。國小人民大，國民所得高，一派昇平景象，羨煞人也。

離去前，仰望山頂上公國世襲君王數百年屹立無恙的城堡，一絲絲的思古幽情，油然而生……等思緒重回現實，車子已驅馳於山腰高原上，海拔一八五〇公尺的聖模里茲(St, oritz)遙遙在望。車窗外，山巒疊翠，綠野迤邐，青青草原，翠意盎然，草原上，雜花盛開，偶爾亦見牛羊低首，錯落的木屋，點綴其間，景色幽絕，令人驚艷。俯瞰聖模里茲湖，水波不興，水碧如藍，湖光山色，相映成趣。乍入桃源，一景一物，皆令人流連驚嘆，讓人耳目一新。

由於美景天成，加上地勢之利，造就了一九二八、一九四八兩次冬季奧運在此舉行的輝煌紀錄，使得聖模里茲更成了瑞士熱門的渡假區。入境首夜，不去蘇黎士而寄寓於此，旅行社的安排，深獲我心。

二、老人天堂盧加諾(Lugano)

時值瑞士夏日時光，晝長夜短，但商家仍於午後七時閉戶打烊，於是白晝鬧市，入夜頓成空城，就只剩一些遠來遊客，三五成群，流連其間，形成一幅奇特景象。

依戀勝地風光，相約薯王兄伉儷，黃昏漫步之不足，翌晨又起個大早，兩對偷閒學少年的，湖邊岸上，儷影雙雙，景不醉人人自醉，長留記憶山水間。

山城一夜，塵勞洗盡。翌晨搭乘著名的伯尼那號(Bernina Express)景觀火車，沿著阿爾卑斯山在瑞士境內的伯尼那山谷穿越前進，沿途山澗溪谷、冰河、松林、草原、雜花……等景觀，可以說是萬紫千紅，氣象萬千，尤其廣袤的草原，數大即是美。山谷裡草原上，似童話故事裡美麗的屋舍村莊，倏焉在左，忽焉往右，迷離恍惚，殆若仙境。據說早年風行一時的卡通片「小甜甜」美麗的家鄉風光，即取材於此。當時已多神往，今日親臨其境，益增眷戀。

飽餐秀色，衆人皆醉。返程改搭遊覽車，山路九轉十八彎，動蕩搖幌，與火車的安穩緩行，大異其趣：而山腰遮陽處，隨地可見未融殘雪，逼車而來，陽光下雪跡處處，另具一番情趣。

抵達瑞士東南端與義大利僅只一岸之隔的風景勝地盧加諾，已是午後時光。此處因地理因素，語言、文化種種，都具義大利風味，有瑞士的義大利之稱。

鬧市濱臨盧加諾湖，湖畔綿延三公里長的河岸步道，有如綠色隧道般，步行其間，涼風習習，令人心曠神怡。遊艇繞湖，興致勃勃。瑞士號稱千湖之國，湖泊之勝，不言可喻。盧加諾湖既毗鄰鬧市，環湖皆繁華之區，而山腰間華廈比肩接踵，美輪美奐，與前此山城所見木屋，另是一番景象。舟行湖中，清風徐來，悠遊自在，舉目四顧，人爲的建築，大自然的景色，藍天白雲，青山綠水盡入眼裡。一個半小時的航程，開闊的視野，令人感受到盧加諾悠閒自在的城市風情。

這裡還是瑞士第三大銀行金融中心，流通稱便；而宜人的氣候，湖山一色的自然美景，結合了義大利的無拘無束和瑞士井然有序的生活文化，自在寫意，極具林泉悠遊的魅力。據說是瑞士北部的人們公認爲「退休後最想居住的城市」之首，難怪乎湖畔步道乃至鬧市通衢，行路悠悠者，儘多腹便便，或者髮蒼蒼之輩。老人天堂，自有其迷人風光。

三、風塵不染徹馬特(Zermatt)

朝辭盧加諾往西。兩個多小時的車程，在阿爾卑斯高山體系，翻山越嶺，翠綠風光兜滿懷。穿過一段十七公里長的隧道，贊嘆聲裡，造訪群山圍繞的安德馬(Andermart)小鎮。

寂靜山區，野曠人稀。僅容兩車交會的幹道，路面潔淨，環境清幽。兩旁屋舍，古樸典雅，家家陽台遍植鮮花，紫姹嫣紅爭妍鬥艷，漫步其間，滿眼繁花似錦，幾疑仙境非人間。偷得浮生半日閒，咸有出塵之感，期望他日重遊小住，當屬人生莫大快事。

告別依依，冰河號景觀火車載奔前程。冰河遺跡、山澗溪谷、峽谷峭壁……猶如螢幕佈景般，一一展現眼前。高山隧道，連綿不斷，奇崛驚險鏡頭，令人贊嘆不已。沈浸於天然奇景與艱險工程的浩嘆聲中，三個多小時光陰匆匆溜逝。入暮前，抵達風塵不染的山中小鎮徹馬特。

小鎮位處群山圍繞的緩丘草地上。按 Zermatt 一詞，據說原意即爲和緩的草原。海拔一六二〇公尺，是最靠近瑞士熱門高山馬特洪峰(Matterhoun)的渡假村。

瑞人重視居住環境，爲維持原始的自然環境和清新空氣不被破壞，只有搬運行李的電動車和馬車緩緩穿梭於街道上，其餘車輛概不得進入，寧靜的山城，風塵不染，遠客不驚，確是渡假的好所在。

入境隨俗，但多日來瑞式西餐，尤其是餐餐必備又乾又硬的主食黑麵包，早有咬牙切齒，味同嚼蠟之苦。難得山中小鎮，乍享中式晚餐，有如久旱逢甘霖，他鄉遇故知，飽饜之餘，衆皆開懷大樂。席間薯王兄一句「Charming girl」迷湯，灌得一旁服務的洋妞樂陶陶，飛吻頻頻，熱情洋溢，親切有趣，爲旅程平添一樁趣聞。

山谷旅舍前，信步度黃昏，仰視馬特洪峰，巍然屹立於雲天之際，積雪映餘暉，顯得特別耀眼：峰端稜角突兀，三角形狀，頗似咱們竹東的大霸尖山，雄狀秀麗，引人入勝。環顧朝山者，盡是異鄉客，難怪有人說它是瑞士山地居民「日進斗金」的旅遊資源，諒非虛語。

翌晨趕早搭乘齒輪式登山火車，緩緩爬升四十分鐘，抵達終站三千一百公尺高的哥納格拉德(Gormergrat)山展望台，遠眺咫尺之隔卻高懸天際，似曾相識的馬特洪峰，山顛積雪在陽光閃耀下，光彩奪目：近賞茫茫冰河，一片純白世界，海拔四四七八公尺的高山景觀，果然別有一番風情。

重返徹馬特，珍惜山城風光，兩對不甘寂寞的老伴老友，趁半天餘暇，鄉間走透透。

不經意發現登山滑雪纜車，見獵心喜，卻苦於瑞籍管理員的荒腔走調，辭不達意，頹然欲去之際，託老伴之福，居然找來一對新加坡籍的華裔夫婦，透過他們的幫忙，終於得償所願，眞是天助我也。

纜車上，俯瞰萬物悉入眼底，左顧右盼，飄飄然有如君臨天下，斯時也，意氣風發，固一世之雄也。返程步行下山，沿途草原青翠，繁花盛開，如畫美景，幾於令人一步數回首，遲遲不忍遽去也。

四、六月飛雪少女峰(Jungfrau)

告別徹馬特，揮手自茲去，三天兩夜情，依依繫滿懷。

山間疾駛，輕車熟路，一陣急趕後，停在一處山洞前，等候陸續抵達的大小車輛，聽候指揮魚貫駛入一列火車車廂上，人坐定，車熄火，由火車頭拖著緩緩駛入山洞，十餘分鐘後，豁然開朗，洞外又是一處古樸幽靜的小鎮。據說火車接送，較汽車自行翻山越嶺，足可節省三個小時有餘。此種巴士搭乘火車穿越山洞的設計，堪稱神乎其技，亦足見瑞人之高明也。

小鎮勞德布魯諾(Lauterbrunner)以多瀑布景觀聞名，有瀑布鎮之稱。附近山間瀑布之多，幾乎令人目不暇給，尤以距街市三公里處，號稱歐洲第二的冰河瀑布，最具魅力。瀑布前迎面山勢雄偉，岩壁上天下地截然一片，同行畫家李教授以國畫「斧劈」爲喻，行家輕描，寫實而貼切。

原以爲只到此一遊罷了，誰知楊大嫂一馬當先，沿石階奮勇直上，餘衆跟隨其後，一口氣直上三百公尺絕頂上，直窮瀑布源頭。但見山勢之險要、瀑布之壯觀，較諸有歐洲第一之稱的萊茵瀑布，有過之而無不及。

揮別瀑布鎮，駛往位於兩湖中央依山傍水的秀麗小城茵特拉肯(Interlaken)。享受午後山城溫暖的陽光，路旁露天茶座上，閒坐話桑麻，聊暇日以銷憂。意興高昂的楊兄，靜極思動，當街攬下一部觀光馬車，四個不服老的，跳上馬車沿街兜轉，春風得意馬蹄疾，半個小時拉風的代價約合台幣千元之譜。能捨才能得，天下畢竟沒有白吃的午餐。

晚餐的瑞士火鍋，據說是他們非正式國家級代表食物，但以小片黑麵包沾著熱熔的乳酪，以肉塊炸油的吃法，實在叫人不敢領教，彼之所是，非吾所嗜也。

夜宿半山腰旅舍，俯瞰湖水碧如藍，與對岸山巔積雪，遙相輝映，風光如畫，幽趣滿懷。

翌晨，重返瀑布鎮，搭乘兩段式接駁登山火車，往阿爾卑斯在瑞士境內，另一處聲勢喧天的高山景觀少女峰賞雪去。

少女峰海拔四一五八公尺，有「歐洲屋脊」(The top of Earope)之稱。據說終年白雪皚皚，雲霧嬝繞模樣，被譽爲歐洲最美麗的山峰。火車只能攀抵三四五四公尺高的少女峰山口，天公作美，陽光普照，但零度上下的低溫，雖雪衣加身仍難免於瑟縮冷顫。遊客如過江之鯽，擠滿五層建築的餐廳及頂層人造冰宮。室外滑雪地，白茫茫一片，近在咫尺的少女峰，在烈日映照下，燦然奪目，更遠處一片沈默無際的白色山峰，連綿天際，屹立雲端，奇妙景觀，令人驚喜連連。高山氣候，瞬息萬變，午後下山之頃，忽見雪花飄降，六月飛雪，生平僅見，造化之妙，眞個是無奇不有。

五、走馬都城逐繁華

親炙馬特洪峰與少女峰的英姿，目睹聖模里茲、盧加諾諸湖泊的豐韻，深嘆瑞士的高山湖泊之美，見面猶勝聞名，迥非「及至到來無一事」者可比。然而弱水三千，一瓢已足。五嶽歸來不看山，告別少女峰，一腳踏入軟紅十丈的花花世界，到洛桑(Lausann)、日內瓦(Geneva)、伯恩(Bern)、盧森(Luzeen)等幾個大都會，走馬看花，追逐異國都城的繁華風貌。

由山腰乘坐開放式的水晶號火車，重溫高山湖泊之勝後，抵達位於蕾夢湖中界，名列瑞士第五大城，也是秀山麗水的湖山邊城洛桑，風和日暖，寒衣盡褪。但見華廈櫛比鱗次，鬧市車水馬龍。由寧靜安詳的山區，返回洋場十里的紅塵，既熟悉卻也有不習慣的感覺。

趕往位於日內瓦湖畔，突出於湖岸的石庸城堡，見識中古歐洲主教的威權盛況。解說員是位大陸女留學生，一口京片子，同文同種的親切感，不因兩岸隔離而稍減。

奧林匹克博物館是洛桑的另一驕傲。據說該館落成後，自一九九四年六月起，這個城市便又多了「奧林匹克首都」的封號。對我們來說，最大的興趣，莫過於一樓正廳壁上，奉獻建館基金的各國人士芳名錄，咱們李登輝總統「永遠懷念蔣經國總統」的刻字赫然在列。想來，這也算是「走出去」的另類蹊徑吧。

遊日內瓦湖是另一種享受。沿岸風光，繁華喧囂。一個半小時的遊艇巡禮，數十個據點一瞥而過，一百四十公尺高的人工噴泉，最爲醒目而炫麗。長八十公里寬十四公里的日內瓦湖（又名蕾夢湖），較盧加諾湖更見壯觀而少其寧靜。

夜宿日內瓦市郊一棟十一層樓的五星級飯店。我們兩對搭檔，飯後尋幽歸來，意猶未足，好奇機靈的楊兄，找到一樓大廳鋼琴演奏的咖啡座，興致勃勃，殷邀入座，以咖啡代酒，藉機與夫人共慶結婚廿五週年的鶼鰈之情。坐定後，禮貌性的鼓掌喝采，竟博得琴師知音的感激，離座前來寒喧，獲悉客自台灣來，大表熱絡，彈唱亦更有勁，投桃報李，咱們也失禮不得，雖非賞賜百千強，總不失泱泱之風也。

翌晨，先訪聯合國歐洲總部所在的日內瓦萬國宮，以及馬路對側的紅十字會總部。惟前者衛兵把門，後者亦門禁森嚴，匆匆一瞥後，移師日內瓦大學，徜徉草坪上，留影於宗教改革紀念碑四位宗教改革先驅的立像前，藉留鴻爪。

午後，揮別國際都市的日內瓦，兩個小時車程，趕抵瑞士首都，也是第四大城的伯恩。傳說十二世紀初建城者，於此間狩獵時，獲得的第一隻獵物爲熊，便以之爲城市名，沿襲迄今，熊依然是伯恩的古祥物。惟今日市區熊公園內，只見黑熊一隻，無精打采，迢迢萬里來此，睹狀大失所望。

在李教授的導引下，挪出時間，趕赴美術館，參觀瑞士畫壇超現實派巨擘鮑爾克力(Paul klee 1876~1940)生前名作展。精神矍鑠、誨人不倦的李教授，對畫家生平與畫作內容精闢的解析，不啻是一堂精采的西洋美術史課。稍窺門道，但終究仍以看熱鬧爲多也。

舊城區裡，總長六公里的拱廊街、雕像噴泉和大鐘塔，現代的景觀與過去的歷史陳跡和諧地共存著，深深扣住遊客的心。但是擠滿了各式各樣人群的街頭市集，幾處茶座上，三三兩兩的嬉皮男女，或吞雲吐霧或勾肩搭背，穿耳挖鼻，醜人作怪，則令人戒愼戒懼。都會仕女似乎少了幾分山間小鎮人物的純樸可愛哩！

由山區小鎮的寧靜，到爭逐都會繁華，這一路走來，幾乎樂不思蜀。然而伯恩過了，盧森便是旅程終站。離家日遠，鄉思轉濃。有道是「錦城雖云樂，不如早還鄉」，蓋人情思土，易地而皆然也。

抵盧森，適逢週末，商家午後四時即打烊，決議先「瞎拚」，後觀光。半天光陰，或名錶或巧克力，大夥是買得不亦樂乎。難怪如 Relax 鐘錶名店，樓面高懸五面各國國旗，咱們青天白日滿地紅亦飄揚其間，五強之一，購買力的表徵，咱們這一夥也算小有貢獻哩！

瞎拚之後，意興闌珊，勉強擠在人潮中，推往醒目的有頂木橋走一回。橋建於十四世紀，彷彿走入時光隧道。隨後匆匆過訪「盧森垂死獅子」，這座爲爲美國小說家馬克吐溫所贊嘆的世界上最哀傷、最感人的石雕，緬懷以之紀念的瑞士八百英勇戰士，犧牲奮戰精神。步出紀念碑，深度之旅，正式劃上句點。

　　瑞士境內最後一夜，移往市郊山腰渡假公園別墅。山水秀麗依舊，山間寧靜如昔，行人卻已別情依依，歸思難收。

　　難抑興奮之情。一夜乏眠。翌晨起早，小逛山間，對面山坡上綠草如茵，幾隻牛兒低首啃草，牛鈴聲響徹寧靜的山間，劃破晨空，一幅活生生的桃源寫照，呈現眼前，令人心爲之動、眼爲之亮。

　　收拾行囊，準備離去，臨行前回首一瞥瑞士山間的綠草坡，草坡上美麗的小木屋，峰頂白雪猶在，湖中綠水如藍……別了，這人間淨土，天上人間，幾時重？但願相逢非夢中。

中信通訊二一六期八八、十、一

又見美西

一、灣區山城賀新居

久雨初晴，春雷驚蟄。經過一季濕冷的寒冬後，大地春回，萬物又是一片欣欣向榮景象。遠在太平洋彼岸的女婿，適時傳來標得新居的訊息，從此脫離無殼蝸牛的生涯，在大不易的美西居，獨擁一片小天地，其雀躍之情，不難想見。

兩對兒女親家在分享喜悅之餘，亦不禁躍然心動，幾度思量，幾番計議後，毅然排除萬難，擺脫公務，在花開時節，爲賀新居，千里赴戎機，匆匆作了一趟美西行。

睽違兩載，重登彼岸，仍是舊金山入境。依稀舊識，彌覺親切。難爲振驥，爲迎接兩對雙親，費心租了一部七人座旅行車，下班後急急趕來，一俟安排妥當，纔稍稍鬆口氣。久別重逢，自有一番親情洋溢。

出機場，上得高速公路後，斷續出現的「San Jose」路標，引來往事歷歷，憶念陡增：想前番兩度造訪，均有勞客居該地的正男兄殷勤款接，作客期間胥賴接應，諸多稱便；惟此番有兒輩引導，而該處亦非必經之地，望路標憶舊遊，思念轉殷。

路標幾易、方位數更，四、五十分鐘後，轉入山區便道，嗅得出到家的氣味。果然，片刻後，在一片綠意中，嘎然一聲，車子停靠在一處華廈草坪前。一聲來了，好呀，呢喃歡欣，笑語聲喧，女兒自屋內奔來，相擁入懷，親情的溫馨，早把長途飛行的勞頓抛向九霄雲外，還有什麼比骨肉團聚的感受更讓人開懷！

新居在舊金山灣區中部偏東山谷，據說係一處新興社區。山不在高，空氣則頗乾爽，有前庭後院，花木扶疏；舉目四圍山坡，青翠一片，相看兩不厭。環境之清幽，眞足以賞心而悅目。惜往來多洋人，談笑鮮同胞，稍嫌孤寂了些。

趁假日之使，電邀正男兄伉儷與英芳闔第，自 San Jose 趕了四、五十分鐘車程前來相聚，彷彿深山會遠親，彌覺珍惜。尤其英芳兄，具姻戚之誼，卻一別十餘載，異地相逢，共賀新居，尤屬難得也。

親翁平日公忙，暇餘頗擅園藝，對庭院花樹，愛深責切，多方移植之不足，還選購了接枝蘋果、二十世紀梨與兩棵櫻桃，分由兩府二老暨一對新人親手栽植，拍照爲記。要怎麼收穫，先怎麼栽。相期他日重來，綠葉成蔭子滿枝。

二、西濱海岸逐浪花

新居就緒，驛馬聳動。三對老少，六人一車，由舊金山沿加州西濱海岸，以逆時針方向，作了一趟溫馨自在的逍遙遊。

經高速公路轉入一〇一號國道一路南下，沿途跨越山坡，兩側青山隱隱，綠野迢迢，如畫美景，令人陶醉。

兩個小時車程，抵達南加州渡假名勝小鎮卡梅爾(Carmel)。這座於二十世紀初興建成藝術村的美麗山城，古樸雅致，寧靜安詳。三步一家、五步一戶，滿街盡屬畫廊及藝品店天下。自好萊塢老牌巨星克林伊斯威特一任市長過後，聲名益噪。惜店家打烊得早，匆匆巡禮一過，原車折返風景優美的十七哩景觀道(17 Mile Drive)附近之漁港蒙特利(Monterey)覓宿。

蒙特利是加州最早的首府，由西班牙人建於一七七〇年，許多西班牙、墨西哥和美國早期建築仍留據市中心，頗能引發思古之幽情。如今漁業盛況不再，唯旖旎的海濱風光，則造就了另番觀光盛景。

落日大道上，漫步度黃昏。近看太平洋碧波萬頃，浪花滾滾滌塵慮，遠望天際沙鷗追落日，餘暉照顏色，野曠天低，蒼茫一片，渾入忘我之境。

翌晨重蒞海濱，迎面清風徐來，海天寧靜，佇觀浪花飛濺，海草翻飛，生趣滿懷。近海淺灘，巨岩錯落，海獅或爬臥其上，曝日如屍；或嬉戲水底，俯仰自如；數行海鷗沿水上低飛，迎晨曦翱翔。岸邊則一片紫色小花綴成數方地毯般，美不勝收。

流連至再，旭日已昇，不捨聲中，續奔前程。一口氣南行三百公里左右，午餐時分，在一處海灘就地野餐。豔陽下，沙灘上，海天遼闊、涼風習習，兩家親人，幕天席地，飽嚐了一頓別具風味的美式餐點，味非美兮情難忘！

午後，趕抵以風車爲標誌，實則係由丹麥後裔聚居的丹麥村（Solvang）。小鎮純樸，街市簡潔。品嚐一客下午茶，享受一份閒適野趣，也爲緊湊的行程，暫譜片刻休止符。

薄暮前，移師加州南部海岸線上，有「西岸白宮」之稱的聖塔巴巴拉(Santa Barbara)。綿延潔淨的沙灘、碼頭上星羅棋佈的私人遊艇，到處可見綠葉搖曳的無花果樹、以及紅瓦白牆的西班牙式建築，構成此地的獨特風情。據說是富豪、明星、政要最喜歡的渡假勝地。風光猶勝昨夜今晨所見，而人工雕鑿的痕跡則較爲顯著。

晨昏之際，徜徉於海灘之上，時見海鷗群飛、海獅戲浪，也嘗低首撿拾貝殼，偷閒學少年，不知老之將至也。

鬧市瀕海，悠遊者衆，閒適情調彷若年前瑞士所見號稱老人天堂的盧加諾(Lugano)。惟後者遊客以老人居多，此地頻見少狀輩。美國夙有青年人的天堂之稱，或者這也是事有必至的現象之一吧。

三、環球影城歷驚奇

告別西岸白宮，折向東行，個把小時後，抵洛杉磯近郊，參觀風靡全球、嚮往久之的第八藝術發祥地——環球影城。

影城位於洛城三十哩市郊的山丘上，依山而築，居高臨下，自成一獨立天地。城內廣廈千萬間，娛樂場所指不勝屈，幅員之廣，目所難測。

逛影城，彷彿劉姥姥入大觀園，事事新奇，也像夫子入大廟每事問，蓋見所未見，聞所未聞者多，宜其打破砂鍋也。興奮之餘，四十美元的門票，雖心疼亦欣然接受。時非假日，人潮尚且不斷，可以想見假期之盛況。小坐露天茶座，觀賞往來人群，但見黑白相間、黃棕混雜、環肥燕瘦、妍媸靚醜，各色人等，應有盡有。只這一幕博覽世界人種，就已不枉到此一遊。

進入一處表演場，觀賞影片「水世界」濃縮版的實況演出，領受其水火同噴，直昇機破空而出乃至冰濺觀眾席的聲光科技與噱頭，驚嘆之餘，大呼過癮不置。

另場「回到未來」的佈景變化與時空幻象，則令人目迷心炫，驚奇連連。

在「株羅紀公園」的場地，泛舟人工河上，兩岸恐龍時隱時現，乍驚乍喜之際，突然間橡皮舟一瀉千里，陡降駕魂，捲起丈高水花，濺濕了驚呼不迭的舟中客，停舟處竟已是出口站。猝然驚、猝然喜，動人心弦，久久不能自已。

跟隨人群排列登上遊城專用小火車，原以爲只是繞場一週，虛應故事一番罷了，孰料其中竟亦大有文章，刺激與驚喜兼而有之：先是，火車穿過一座建於一九一六年的木造橋樑，未及半途，橋身突然卡嚓一聲斷了，眼看人車就要跌落水中，千鈞一髮之際，大橋又神奇地復原了。忽而火車繞過一片水面，水裡躍出一條巨鯨把火車撞得傾斜。忽而又穿出水面，進入另一處更深邃的片場，朦朧燈光中，忽而大金鋼現身，張牙舞爪，迎面撲來；忽而燈火明滅，車身搖晃不已，一陣地動天搖，竟然是舊金山大地震的模擬實況，明知其僞，唯其逼眞與寫實，驟然間仍令驚駭莫名。

影城聲光幻化無窮，目迷五色，旣驚且喜。半日廝磨，興猶未盡，惜行程所限，一俟片場巡禮過後，雖不捨也只得悵然告別。

四、海洋世界開眼界

離開影城，折返加州南端，百餘哩路程追逐落日直到海之濱。看紅日西墜、晚霞滿天、白浪滔滔、天地悠悠，不覺神往久之。

夜宿聖地牙哥(San Diego)一處豪華社區，居民自詡爲獨立個體的拉荷亞(La Jalla)村。昂貴的房舍，優雅的精品店、美食餐廳、豪華旅館以及懸崖峭壁構成的海岸，處處透露堂皇的氣息，的是具有獨特風味的觀光渡假勝地。晨間沙灘上，海獅爆臥、海鳥飛翔與松鼠跳躍覓食所構成的一幅祥和寧靜畫面，較之「西岸白宮」的聖塔巴巴拉猶勝幾分。然而，此行所以繞影城而折返，捨洛城而弗居，亦未往比佛利山莊逗留，海濱勝景並非最大的誘因，聖地牙哥的海洋世界(Sea World)纔是嚮往所在。

佇立在空曠的停車場上，遠遠望去，一座二十餘樓高的透明電梯巍然矗立著，是海洋世界耀眼的地標。南加州初夏，豔陽高照，已有炙熱之感，與影城等值的門票，都阻止不了各方趕來的同好，想必果眞有其看頭！

佔地百餘英畝的海洋世界，有各式海洋生物寄居其間，以六大表演爲號召，從早到晚輪番在露天場地與室內表演廳上陣。表演空檔時，遊客可以參觀二十處教育展覽區及四座水族館，實地接觸園區的動物。節目精彩繁多，惜有限的逗留時間勢難照單全收。仿影城模式，只擇要挑了海獅、海豚與殺人鯨的三場秀，還有蜻蜓點水般的匆匆一瞥水族館。然僅此已覺物超所值，眼界大開。

海獅上場，揭開表演序幕。看似笨重的傢伙，實則輕靈矯捷，跳躍攀爬，輕鬆自如。在訓練人員的指揮下，噱頭百出，笑逗可愛，既機伶亦調皮。至於海豚秀，看似與海獅大同小異。唯其難度則較前者爲高，諸如：聞樂聲而起舞、穿越火圈，乃至隨訓練人員手勢而昂首爲禮……等等動作，較之馬戲團的表演實不遑多讓。

惟壓軸之作，當非殺人鯨莫屬。但見三個專供鯨魚表演的大池裏，幾隻原本冥頑不靈的龐然大物，在衆目睽睽之下，隨著訓練人員的手勢與哨音，居然一個口令一個動作，表演出許多驚人技能：看牠不時高高躍出水面，準確而適時地搶食訓練者手裡的小魚，百無一失，令人贊嘆；時或以其前鰭與訓練者握手，狀如老友；或驟然昂首頂起訓練者上半身，飛也似地繞池一周，像煞滑水之戲，既緊張亦刺激。末了，臨去秋波，迴游之際，驟然藉其搖臀擺尾之勢，濺起丈高水花，潑向池邊觀衆。初則驚叫連連，隨而起哄鼓舞，巨鯨似頗得意，潑水更急更繁，一幅人、魚同樂景象，使人叫絕。

據解說人員告知，訓鯨者有經過八年長期與鯨共處，纔勉強培養出起碼的默契，個中甘苦，實有不足爲外人道者，能有今日的成果，可真的是看似平凡最奇崛，成如容易卻艱辛。

今日所見與影城經歷，雖內涵不一，實則殊途同歸，在在令人深佩美人在觀光事業上之苦心孤詣，宜其財源滾滾，而四方遊客亦樂此不疲也。

五、賭城風華依舊在

踏出海洋世界的大門，正式告別南加州崎嶇多姿的美麗海岸，途經邊境一處專爲防止墨西哥偷渡客而設的檢查站，停車暫借問之後，便一路穿城越縣，跨過物阜民豐的加州，深入磽瘠不毛、荒漠千里的內華達州。半日之間，急行數百哩，於萬家燈火裡，駛抵沙漠中的明珠，以賭城名世的拉斯維加斯(Las Vegas)。

賭城重來，霓虹閃耀，夜景迷人，入目所見，風華猶勝當年。下塌在鬧區一座新穎豪華的旅館 Venetian，水都風光，如入其境。四十層樓的巨廈，富麗堂皇的設施，一夜租金百五十美元，遠較前年的五十元價昂。據說年來賭城遊客生態不變，純觀光客漸衆，早年以低廉食宿招徠賭客的招術日久疲生，賭場魅力漸失，只好以更新的豪華建築與設施，吸引更多的觀光客，因是食宿所耗，已較往年高昂，然此種健康的導向，毋寧是更符合闔第光臨的旨趣。

我們一行，便是此一旨趣的響應者。此番既未留連於Casino賭桌上，也沒有觀賞昂貴的歌舞秀。晝間漫步於拉斯維加斯長條大道上，儘情參觀極盡奢華之能事的各大豪華飯店；華燈既上，則飽覽閃耀的霓虹燈光，及各式科技燈光秀織綴而成魅力無限的賭城美麗夜景。

踏入豪華亮麗的凱撒宮(Caesar's Palace)，好像回到古羅馬的宮殿，時光隧道裡，別有洞天，世界級的名店林立，琳瑯滿目的百貨羅列，而圓弧形無縫的屋頂，彩繪成藍天白雲的人造天空，一路走來，疑幻疑眞，其涵蓋深廣與設計之精巧，簡直令人莫測高深！

宮裡纔半天，宮外已黃昏。乘興又逛Paris大飯店。規模不輸凱撒宮。法式風味，令人著迷，尤其一座如假包換的巴黎鐵塔，更使遊客趨之若鶩。五五〇呎的高度雖僅及本尊之半，然而當電梯由無縫的人造天空衝出，直抵塔頂之際，已有高處不勝寒的感覺。斯時也，仰望蒼穹，群星高掛；俯瞰全城，燈海一片；環顧左右，瓊樓玉宇，金碧輝煌，眞不知今夕復何夕哩！

走過前年光顧的旅店，又見海盜船與人工火山，入夜後的定時演出，依然吸引不斷的人潮；而一場白老虎秀，也歷數年而不衰。這現象想必也只賭城有，人間那得幾回見？

短暫的停留，豐碩的收穫。三過賭城，風華依舊。眼看她起高樓、變化多，所以能每年吸引萬千遊客而歷久不衰，賭城之樂，亦大可以不在賭也。

六、北加州紅木森森

重返加州灣區，覓地小憩之際，巧遇退休同仁鈞臣兄一家。天涯逢故人，喜出望外，惜心急趕路，立談一陣便又分道揚鑣，相約台北再見。

歸來山城，景物依舊。絢爛歸於平淡後，年輕的一對銷假上班，遠來的家居餘暇，得正男兄接應，儎入舊金山作一日之遊。對於舊金山浪漫的港都風情，以及獨特的東西文化交融的雅麗氣質，憑添一段難望的回憶。

兒輩情殷，趁返國前夕，又安排我們參加當地華人旅遊團，隨車遠征北加州，見識加州北部山海之間的紅木森森與火山湖泊等自然景觀，再一次感受心靈的震撼，飽饜耳目之福。

遊覽車經舊金山一路北上，首站停靠在聞名於世的那帕酒鄉(Napa Valley)。酒店熱誠招待品酒，其實醉翁之意無非促銷罷了，似乎乏善可陳。倒是此後兩個小時車程所經，整齊的葡萄園，縱橫排列，觸目所及青翠一片，幽雅的田園風光，倒還不負酒鄉之名。

午餐後，奔馳數百哩，經過北加州海岸山脈，進入舉世聞名的紅木森林，參觀百聞不如一見的各種神木奇觀：就中以汽車可以直駛而過的穿透樹(DriveThruTree)以及樹齡達四千餘年、樹幹遭火焚空後修建成販售紀念品門市的樹屋，還有高三四六呎、直徑四〇呎，號稱世界最高的樹，最值光顧。爲看三棵樹，不惜千里路，滿足了好奇心，也增加幾許見識。

夜宿於以木材工業起家的加州北部最古老市鎮尤利卡(Eureka)。該市建於一八六〇年代伐木盛期，當日繁華一時，唯目前亦已由盛而衰，倒是保存著的許多維多利亞式建築，還頗能引人發思古之幽情。

翌晨，沿海岸公路北行，穿越蒼翠的美國國家紅木公園，穿梭於濃密的山林間，途經一段逾二十哩的車道沿線，兩旁紅木排列成恢宏的綠色長廊，林蔭蔽天，一路清爽。據說這些當恐龍在地球上漫步時就已經存在，動輒高逾三〇〇呎、二千年以上樹齡的巨大針葉樹，只生長在北加州的高山上，森森紅木，蔚爲奇觀。這片林地，不僅是自然的奇蹟，更有著不容忽視的經濟價值，是繼淘金熱潮之後，上蒼賜予加州的另一瑰寶。

在一片無際的森林裡，進入奧勒岡州(Oregon)。午餐後，繼續在綠色隧道般的山林幽徑馳騁兩個多小時，躬臨海拔七〇〇〇呎高原上，探訪號稱世界最大的火山口湖，也是印第安人目爲聖地的綺麗湖(CraterLake)。湖長六哩、寬四哩半，水深六、二〇〇呎，湖水碧藍，水波不興。高寒地帶，每年雪季自十月起至五月底止長達半年餘，難怪乎當日湖畔殘雪未化，在陽光照耀下，藍天、白雪與綠水相映成趣，寧靜之美，彷彿仙境。

奧州邊境印第安部落小鎮一宿匆匆。翌晨重返加州，順訪海拔一二、〇〇〇呎、名列加州第二高的俠士達山。山巓終年積雪，形狀頗似日本富士山。直趨山下盛名久著的俠士達湖(LakeShasta)乘渡船、搭卡車，走訪位於山腰的玄天鐘乳石巨洞。洞內鐘乳化石，千奇百怪，三分形像、七分想像，與前年維吉尼亞州所見仙人洞殆相彷彿。惟仙人洞在地底深處，有電梯可達，玄天洞則高懸山腰，形勢險要，攀登耗力，景觀則堪稱奇絕。

返抵灣區，揮手告別旅伴。女兒開車來接，短暫的天倫暢敘後，結束了多采多姿的美西之行，留下無盡的祝福與滿懷溫馨的回憶！

中信通訊二二〇期八九、十、一

橫渡明潭又一秋

一年一度橫渡日月潭的盛會，在各方愛好游泳人士的期盼下，無懼於九一一的紐約驚爆，全球震悼，也無畏九一七的怪颱納莉襲台，從北到南，水患處處，主辦單位埔里四季早泳會，一本莊敬自強、愈挫愈奮的信心與勇氣，依然按照既定日程，於事故迭至不到一週的秋節前夕，假風光明媚的明潭，隆重開鑼。

本局游泳隊在隊長文芳兄的號召下，克服重重難關，千呼萬喚，終能組隊成行，維繫歷年光榮的傳統於不墜，主事者的魄力與熱誠，帶動隊員同仁的團隊精神，功莫大焉！

由於四季游泳，漸已蔚然成風，全國游泳人口亦有與年遞增之勢。歷年參加泳渡日月潭人數，據大會統計，也從民國七十二年創辦時的五百餘人，逐年遞增，到八十五年時，已劇增至一萬二千餘人，更以此而聞名國際、享譽泳壇。之前尚且榮獲國際奧林匹克委員會特頒獎牌表揚，成為世界萬人泳渡之標竿。去秋適值九二一地震週年，療傷止痛，原氣待復，參加人數驟降至八千餘，而今年則已回升至破紀錄的一萬四千餘人，台灣生命力之堅韌，由此可見一斑，而場面之浩大，更儼然是一場盛大的歡樂水上嘉年華會。

我們一行，下場台中近郊名勝清泉崗，一處遠離塵囂、清幽宜人的休閒渡假中心。一夕芳澤，戀戀難捨。只可惜此去日月潭尚有數十公里路程，是以當晨縱使雞鳴早看天，趕抵目的地時，仍然晚了半步。但見入口處，旗幟飄揚，萬頭鑽動，早起的鳥兒多擺好陣勢。觸目所見，儘是些身材玲瓏有致、膚色烏黑發亮似曾相識的各地四季游泳同好。個個頂戴大會頒發的黃色泳帽、身著五花八門、爭奇鬥艷的泳褲，配上各樣款式的泳鏡，直令人目迷五色、眼花撩亂。

今年破紀錄的一萬四千餘名鐵漢嬌娃，分別來自四面八方總共四百九十個游泳團隊，人多聒噪，聲勢浩大，遠勝往年。把個原本寧靜寬敞的日月潭朝霧碼頭，喧騰得熱鬧滾滾，卻也擠得水洩不通，寸步難行。

體念弱勢團體與遠地朋友，大會體貼規定：八時起，由殘障朋友先行下水，金門外島與花、東泳友，隨後跟進，其餘四百多個團隊，則按報到先後依次點名就位。

我們既已悵失先機，只得依序入列，置身千軍萬馬中，隨隊伍緩緩移動。當「中央信託局」的名牌高高架起後，一如往年般，總會引來各方矚目，造成幾許騷動。有道是「人的名兒，樹的影兒」，似乎咱們這塊具輝煌歷史的金字招牌，在各方泳士眼中，仍有其或多或少的魅力在吧。實則，可別小覷我們這一支看似文弱書生毫不起眼的隊伍，除了前些年一度忍痛缺席外，我們可是十多年來橫渡明潭的常客哩。想當年，明潭初渡，衆家好漢，十九都屬各地民間團體，突然冒出一支中央級的金融隊伍，鶴立群中，格外顯得突兀而耀眼，就連當時的大會主席吳敦義縣長，會後還特地走下司合台前來致意並合照留念。集榮寵與焦炬於一身，我們這一支隊伍，可曾是當年明潭邊響叮噹的漢家兒郎哩！

十多年過去，我們仍然未改初衷，年必一渡，只是時移勢異，種種從前，都成雲煙，客觀環境丕變，咱們這一支，竟已江河日下，疲態陡生，今年勉強成軍，不知明年乃至往後能否克保令名於不墜，思之惘然！

等候下水的空檔，一邊聆聽司令台上的言之諄諄，一邊隨機覓地做做暖身運動，磨拳擦掌，躍躍欲試。先行部隊陸續下水後，碼頭前、明潭邊，一族簇的泳將，但得一聲令下，便各奮勇爭先，紛紛躍入潭中，力爭上游去也。擠在隊伍群裡，咱們這一支十幾人的男女小隊，彼此叮嚀，互相加油後，也就聞哨音而各奔前程，循水道入「勇」渡行列。

偌大日月潭裡，一時但見萬頭浮動，泳帽與浮板羅列、哨音共人聲鼎沸。而咱們這些，明潭橫渡，已是幾度劉郎，大風大浪過來，深體安全三昧，但求平安抵達爲已足，誰先誰後何足論。

下水後，便避開爭先恐後的蛟龍群，沿著安全水域邊緣，悠哉游哉，緩緩前進。不斷的告誡自己放鬆再放鬆，既有浮標隨身，又見每五十公尺均設有救生艇防護，安全設施無虞，心情踏實，置身中流，載浮載沈，倒也自在悠然。是時也，浮雲掩日，水波微興，兩岸青山隱隱、環湖綠意悠悠，倒眞個是雲淡風輕戲水天。

浮浮沈沈，約莫過了個把小時光景，兩臂漸感疲疼，感覺有些困乏了，便抓住浮板，任其飄浮，藉機養神之頃，游目四顧，但見前後左右男女老幼「勇」士，或急划或慢游，俯仰其間，各得其所。

漸漸地，彼岸化蕃社的建築與人群，輪廓由模糊轉清晰，附近巡邏救生艇穿梭濺起的浪花，與救生員指揮哨音，此起彼落，喧嘩的人聲、岸上走動的身影，在在告訴我們，興奮的一刻即將來臨。一個多小時功夫，看似漫長卻已如矢逝去。游上岸，豪情壯志滿懷，又添加一次橫渡日月潭的紀錄，儘管人困馬乏，仍不自禁的喜心翻倒。又通過一次艱苦考驗，雖云累矣，且喜廉頗仍健飯，老夫猶自雄也。

由上午八時起，殘障朋友揭開橫渡序幕後，萬餘男女蛟龍相繼入水，其中快者一個小時內，慢者兩個多小時，於中午前均不辱命一一游上彼岸。從渡船頭的朝霧碼頭到對岸化蕃社，估約三千至三千八百多公尺左右的水域，中午過後，便絢爛歸於平淡，喧囂紛亂的明潭，重現平靜無波的風華。

橫渡日月潭，今年已進入第十八個年頭。配合推展觀光季，每年秋節前夕舉行，迄未間斷。猶記去歲橫渡之期，恰値九二一震災週年之際，原以劫後災黎，百廢待舉，推想明潭失色，橫渡盛會，或將中輟。詎料他埔里四季早泳會，卻不過全省泳友的殷殷期盼，最後竟至以仍住組合屋的災民身份，化悲憤爲力量，堅百忍以完成劫後明潭橫渡壯舉。主辦單位的毅力與精神，固然感人，而就本局游泳隊，也是橫遭扼阻後，幾經掙扎才勉強組隊重現江湖。二十幾位隊職員，一方不忍見多年橫渡壯舉的光輝紀錄，無端坐失，他方也想躬臨震災現場，藉表關懷劫後明潭的風貌，體驗當地災黎實況。感謝本局壽險處派駐總局服務的顧碧蓉小姐，透過她的鼎力協助，讓大伙可以毫無牽掛的借宿明潭轄內私人別墅，一圓延續橫渡明潭之夢。別墅的地利之便加上天時、人和之利，讓我們的重游明潭大軍，順利完成壯舉之餘，還滿載主人濃厚的溫情而歸。

一年容易又秋風，喜見明潭光采依舊，埔里近郊九九峰上，震後裸露的黃土坡，已然蹦出了一撮撮的小樹叢，零星錯落的綠意點綴山頭，原本荒蕪的土地上，處處透露出盎然的生機。走過多災多難的去歲今秋，迎向充滿生機的未來，天行健，君子當自強不息，但願人長久，明潭橫渡共相期！

中信通訊二二五期九一、一一、一

扶桑十月楓似火

從恐怖份子炭疽熱病毒的漫天威脅中，壯遊歸來。當號稱台灣之翼的長榮客機，緩緩降落在中正機場的夜幕裡，卸下安全帶，一顆高懸的心纔輕輕放下。萬方多難，遊子無恙，怎能不慶幸開懷？

五天風光之旅，難忘的十月扶桑，楓紅似火，賞心樂事餘情繞，每一回首，輒令迴盪不已。

一、花卷機場賓如歸

選在涼秋十月，老伴歷劫周年，復健有成的喜悅裡，爲看滿山楓紅，兼慰年來辛勞，毅然報名隨團遠赴東瀛，到東北地區的岩手、秋田、青森三大名縣，漫遊一周。賞楓、遊湖之外，還親炙溫泉名勝，大享泡湯之樂。

飛機直飛岩手縣中部地區的花卷機場。規模不大，建築亦樸實無華。據說原僅係國內機場之一，自去年因大力推展無煙囪事業，在櫻花盛開的春天與紅葉舞秋風的季節，特別開闢台北花卷直飛的國際航線，以招徠台灣觀光客。推出以來，反應熱烈，也爲歷來被視爲偏遠地帶的花卷週遭地區，注入一股活力。

六、七個旅行團總共二百餘人的專機，帶來台灣客的豪氣，也帶給花卷龐大的商機。無怪乎降落後，機門外看台上揮手搖旗，既表歡迎於前；出機場外，不算寬敞的出境大廳，更見紅布橫陳，兩旁列隊的地方官員，熱誠招呼於後，打躬作揖之不足，口中還唸唸有辭，親切殷勤，溫情感人。而分贈人手一袋資料與飲料，禮輕情意重，設想尤見週到。

想年來偷閒，也曾幾度出國，每逢入境通關，無不戒謹戒愼，幾曾見此盛大之歡迎陣仗，受寵若驚之餘，深感東瀛人士推展觀光事業的用心與踏實。也讓初履其國土的異鄉客，有一份賓至如歸的親切感。

二、十和田楓紅似火

轉車北上，到地勢遼闊的小岩井農場以及風光綺麗的卷葉園，見識東北地區寬廣的田野、壯麗的景色。薄暮時分，趕抵秋田縣八幡平湯瀨溫泉區，姬之湯裡領受日式溫泉風味，塵勞滌盡好夢來。

翌晨，趨訪號稱東北第一觀光勝地的十和田湖途中，在導遊先生的安排下，就路邊一家果園，採摘當令時鮮的蘋果。以價制量，連吃帶拿，好不快哉！

按十和田湖横跨秋田、青森邊境，海拔四〇一公尺，水深三二六公尺，是日本最深火山陷沒湖，周邊長達四十六公里。湛藍的湖水，波平如鏡，天光雲影共徘徊，四周環繞的群山，花木茂密，層次分明。據說每當秋分之際，天氣清爽宜人，滿山紅葉，色彩繽紛，幽美絕倫的景色，常令遊客趨之若鶩。

抵湖邊山上公路休憩站，俯瞰全景，秋意已深秋色濃，環湖群山，蒼蒼橫翠間，遍是泛黃轉紅秋葉，撩人眼花；頂上藍天白雲，湖邊幾處紅瓦人家，遠望宛如畫中，令人神往。

乘坐三層式可容百人左右的豪華遊艇，與一群來自扶桑各地的男女遊客，環湖攬勝，五十分鐘游目騁懷，看盡湖邊春色。但見湖之濱、水之湄，均爲山林圍繞，湖轉峰迴，山窮水複間，柳暗現花明，層次分明的彩色叢林間，不時夾雜著一族簇似火楓紅，耀眼迷人，第一觀光勝地，盛名果非倖致。

三、奧入瀨溪徑通幽

當大伙猶自陶醉於十和田的黃葉紅楓中，老日本的導遊則以天候不巧，滿山楓葉，尚未完全染紅爲憾。實則，內行人看門道，外行人看熱鬧，賞心悅目，花開半妍何妨！

何況，緊挨湖旁，由其分支溪流，穿林越樹，沿著山路綿延伸展所形成的另一處勝景——奧入瀨溪流，正等著我們前去造訪，美景當前，奚遑卻顧？

車子送我們到溪流前半，一處瀑布前便先行離去。號稱銚子的瀑布，挾著充沛的水分，由上而下，有如萬馬突圍，聲勢浩大，引得遊客駐足不已。而自此以下，步道傍溪流蜿蜒，沿途林木森森，時而濃蔭蔽天，清涼舒爽，時而光芒乍現，照耀在紅、黃、綠間雜的樹葉上，色彩繽紛，令人心炫神迷。

一路上遊人如織，漫步在溪流步徑，看溪水澄澈、瀑布如練、岩石嶙峋，深深吸入樹海中醇純的芬多精，久而不覺其倦。無怪乎東瀛著名的文學家大町桂月，會把漫遊十和田湖與奧入瀨三里半，引爲生平三大快事之二，極盡謳歌之能事。側聞國內不少老輩留日人物，也迄以重溫奧入瀨幽徑散步，爲有生之年必了心願之一。我等何幸而竟得償所願，也算不枉扶桑之行了。

四、猊鼻溪輕舟緩唱

兩處名勝，一朝逛遍，不捨聲中，已近黃昏。

翻越雄渾壯麗的八甲田山，過青森，重返岩手縣。夜入盛岡，號稱岩手縣的首善之都，既無溫泉洗凝脂，都市叢林，亦乏引人之勝，倒不如早早與周公打交道去也。

次晨，臨去秋波，告別前，匆匆過訪舊盛岡城址所在的岩手公園。僅存的片面城牆，見證歷史陳跡，園中百年古楓，鬱鬱蒼蒼，殘留的烈士銅像基座與詩人紀念碑，矗立秋風中，憑添蕭瑟幾許！？

南行兩個小時車程，直趨日本百景之一的另一處名勝——猊鼻溪。在如畫美景中，抒發一段川上泛舟旅情。

比起十和田的汽艇遊湖，猊鼻溪的人工泛舟，格局是小了些，卻更具一份親切感。全團三十餘人，排排坐於甲板上，一邊欣賞兩岸由溪水侵蝕而成奇形怪狀的石灰岩層，岩壁間雜樹生花，楓紅似火的秀麗景色；一邊聆聽船夫簡介沿岸十五個景點特色。狀似S型彎曲和緩的溪流，水不在深，及膝而已，清澈如鏡，游魚穿梭不絕。水清無魚之說，非可盡信也。

盡頭處卸舟登岸，賞玩一週，返程終點前，聽船夫緩聲高唱「猊鼻追分」民謠，音韻鏗鏘，舒緩有致，沒有大珠小珠落玉盤的急切切，倒頗似咱們的古調慢吟。一個半小時的逍遙遊，留下無盡的去思。

五、嚴美溪郭公噱頭

午餐後，轉移陣地，走訪附近宗教氣氛濃厚的中尊寺。有日本國寶之稱的金字堂，金碧輝煌、寶相莊嚴，最爲引人。花木扶疏的庭園、潔淨幽靜的環境、古色古香的寺觀，終日遊客不絕，具見其號召力之一斑。

從建於公元八五六年的中尊古寺出來，重返廿一世紀的現實世界，匆匆趕往另一處風光出衆有日本第一美溪之稱，卻以「郭公糰子」招徠觀光客的嚴美溪。

大小不一，潔白無瑕的奇岩怪石，錯落分佈於溪底河床之間，長達兩公里之上，氣勢不亞於咱們花蓮秀姑巒溪的秀姑漱玉，與溪邊繽紛楓林，構成一幅豪放雄偉的山水畫。惜石多水窄，無可泛之舟，稍有憾焉！倒是「郭公糰子」的盛名，卻更引人矚目。

原來，「糰子」者，類似日本麻糬之小湯圓也，而郭公則係店家名號。嚴美溪風景區沿岸商家林立，多以門迎馬路招商，獨郭公一家，特於臨岸後院，闢設吊索，下端直達河床巨石之間，遊客觸手可及之處。繩上掛竹籃乙箇，有意嚐鮮者，預擲貨款籃中，敲旁置木頭二響爲號，岸上郭家便將吊索拉起，待竹籃升抵其後院，一手收錢，一手付貨籃中，即舉旗爲號，竹籃隨之緩緩下降。不數分間，而交易於焉完成。幾顆稀鬆平常的小湯圓，藉此方式，既引來遊客的駐足，爭相搶購，也爲郭公創造了不凡的業績。堪嘆附近商家，徒擁冠冕軒昂的店面，卻門前冷落車馬稀，客源多爲郭公所吸。郭公吊籃噱頭，獨創高明的招商術，生財有道，還同時造就了嚴美溪的聲勢，噱頭豈眞噱頭哉？

勘破「郭公糰子」葫蘆裡的膏藥，會心一笑，欣然別去。走到近處一家玻璃製品展售中心，逗留至再。幾件造型獨特、物稀爲貴的手工製品，吸引衆家遊伴目光，一陣評頭品足後，十九被搜括一空，滿足了豪客們的購買慾，也算是賞景之餘的另一種收穫吧。

六、溫泉水滑洗凝脂

幾日奔波，南來北往，親炙境內名川勝湖，飽覽一路紅葉風光。初不料印象中窮鄉僻壤的日本東北地區，江山竟如此多嬌。但曾經滄海難爲水，此去行程末段，儘管她角館街歷史村裡，尚有引人懷思古幽情的武士故宅青柳家，佔地三千坪又如何？與高雄澄清湖結有姊妹情緣的田澤湖，空負日本最大火山湖名號，然則一瓢已足，最大也徒然；乃至抱返溪谷的青山綠水，長虹臥天的紅色吊橋等殊勝麗景，也都蜻蜓點水般的一瞥而過。非不美也，飽餐秀色後，興緻轉淡故也。

倒是投宿在遍是溫泉地區，幾家設備豪華的溫泉大飯店，見識過形形色色的大小溫泉，也享盡泡湯之樂，與湖川勝景、紅葉風光，都令人歷久難忘。

初識日本風味的姬之湯，特有的溫泉水質，據說有治病強身之效。建於山澗之旁的露天溫泉，面對青山紅葉，在攝氏五度低溫下，寒風裡泡熱湯，直令人疲勞盡復，精神昂揚哩！

夙以遍佈溫泉取勝的花卷觀光地區，豪華的志戶平溫泉大飯店，在男、女湯之外，尚有號稱千人大湯的男女混合浴池。一方是好奇心驅使，他方也想入境隨俗，當晚在幾位同伴慫恿下，賈勇一試。誰知入內一看，煙霧裊裊的大池裡，盡是扶桑老「歐吉桑」天下，看他們個個老僧入定般，一副泰山崩於前而色不變的神態，暗呼慚愧，掃興而出，卻也爲旅中憑添一段無傷大雅的趣譚。

行程最後一夜，安排住進鶯宿溫泉區，號稱有人造海灘設施的森之風海灘巨蛋溫泉大飯店。人造海灘，果然別緻，溫泉設施，則屬泛泛。

爲把握最後機會，一早起來，又匆匆趕往大湯，鑾以爲早起的鳥兒，可以獨擁大湯內、外風光，誰知不然。一如前幾站般，不僅咱們同團觀光客，一個比一個早，就日本國人，也都唯恐落後般，偌大池裡，早已煙霧繚繞，到處是人頭。大伙眞是默契十足，飯前、飯後、大清早，一日泡三回也不厭倦。果眞是洗盡凝脂，非泡湯莫屬！

歡笑時光歲月短，五天風光假期，眨眼而逝。一侯盛岡手工藝村與宮澤賢治紀念館巡禮過後，旅程便劃上句點。看著導遊爲大伙拍攝團體紀念照，別緒驟湧心頭。三十五位拼湊成軍的伙伴：中部地區以溪湖ABC四季泳友、扶輪社幹部爲主力的二十位鄉親、台中的一對母女、兩位因夫君同事結緣的好友、新竹一雙姊妹、還有台北五位結伴偕行的兄妹、一對從事電子科技的佳偶，由初見面的陌生，到分手時的不捨，聚散兩匆匆，鴻飛又東西。但願天涯歸旅，笑貌長相依。

中信通訊二二六鈅九一、四、一

貂山古道越群峰

一

策杖邀朋步野垌，三貂拾翠路玲瓏，嵐光旖旎陽光白，柳色婆娑草色青，大好春山爭綺麗，無邊金色鬥芳馨，是誰能繼王維筆，來奪乾坤入畫屏。

佇立在啞口上，一座古樸的福德祠前，仔細琢磨「貂山古道碑記」上的題詩，山風呼嘯，四野岑寂，回顧所來徑，不知不覺間，我們幾位竟已脫穎而出，輕快走過滿眼青翠，玲瓏有緻的貂山古道。僅僅一個小時前，從牡丹火車站下來，幾位枵腹赴會的仁兄，還因爲遍覓不著店家而嘖嘖嘆奇。斑駁古舊的站房，四圍稀疏的幾戶人家，一刹時都成了腦海裏依稀的記憶。

其實，這一條古道，在中信山岳社王社長毓槐兄熱誠的帶領下，數月來已經幾度經由，領受到其間的婆娑青翠，無邊春色，儘管有北迴鐵路轉電聯車的接駁之煩，山友們卻仍然趨之若鶩。

而這一番，古道重來，只是小試身手而已，過古道後連登附近的燦光寮，半平與無耳茶壺三山，纔是壓軸之作。

沿著牡丹坑溪產業道路上來，古道全長二千七百公尺。前段緩坡而上，原野空曠，地靜人稀，道旁雜花野草，綠意盎然。不時有粉蝶飛舞，春到人間山色新，一路行來，神清氣爽。倒是中段以後，清一色的石板階梯，逐級上昇，氣促之餘，疲態漸露。

緊跟著先鋒部隊抵達古道盡頭，啞口福德祠小廣場「貂山古道碑記」前，一邊緬懷先賢，一邊等待後之來者。由於慕名前來者不乏老弱之輩，唯恐耽誤後續行程，社長在久候全員到齊之頃，當機立斷，商請貿易處年輕的女將張瓊月小姐，率領部份乏力行遠或無意登峰的隊友，改走九份輕鬆下山，留下來的則按圖索驥續奔前程。

二

揮別奔向歸途的隊友，咱們這些不服輸的，士飽馬騰意氣風發循著福德祠右轉草山戰備道，展開過古道後連登三峰的壓軸行程。

走在平緩的戰備道上，四顧群山蒼翠，重重疊疊，逶迤不斷，習習山風吹來，頓令氣爽神清，舒暢已極。

按燦光寮山與半平山即分據於草山戰備道東西兩側，遙遙相望，無耳茶壺山則與半平相連。三峰海拔各爲七三八、七一三與五九九公尺而已，以燦光寮居首，茶壺殿後。仰望三山，近在眼前，山不在高，若一蹴可及，但身入其境後，卻有越行越遠越無窮的感覺。

從道旁不起眼的登山口進入，便陷身叢叢茅林中，滿山遍地幾與身齊的茅草叢林，完全掩蓋了登山步道，要不是有先期探勘一過的社長在前引導，簡直寸步難行。

小心翼翼，緊緊跟著前人身影，手腳並用摸索前進，深怕稍一落後，失去前人蹤影，便有身陷絕境的恐懼。不時的吆喝兩聲，既便與隊友呼應，也大有走夜路吹口哨的用意在。羊腸似的小徑，深藏在剪不斷、理還亂的茅草叢裡，漸行漸遠漸心虛。初不料區區幾百公尺高的郊山，竟然如此奇崛曲折，退既不得，只有硬著頭皮，一步一腳印，緩緩往前推移。

約半個多小時過去，茅叢轉稀，步徑漸顯，疏疏落落的小樹群，取代了部份雜草。踏上稜線，拋開惱人的草叢，又幾個起伏後，終於登上七百卅八公尺高的燦光寮峰頂。站在一等三角點的基座上，環顧四野，連綿起伏的山巒，翠屏重重，氣象萬千，風光不讓百岳群山；而遙瞰東北角海岸線，山連水，水連天的景象與金瓜石地界的陰陽海，若隱若現，依稀可辨。山峰上遠望近觀，景物清晰，固然拜朗朗晴天之賜，而一等三角點的地理優勢，亦不負所望也。

享受了攻頂的片刻成就與歡呼後，如所有愛山的登山客一般，雖依戀仍得趕緊起程下山，蓋遠路尙須愁日暮。何況，山徑久荒，遍山茅叢，上山已備感吃力，下山路滑難辨，稍一疏忽，將難逃四腳朝天的命運。心頭的壓力不減，腳下功夫也不敢怠忽，縱令已盡了力，這返程路上，仍然是蹎踣者屢，險象環生，果眞的是莫言下嶺便無難！

三

好不容易下抵登山口的戰備道，再回首仰望，看起來毫不起眼的燦光寮山，卻讓一衆準備攀登南橫三星的健腳們，跌破滿地眼鏡，險些栽了跟頭。安然上下，暗呼僥倖之餘，卻也大喊過癮之至，豪興陡增，就道旁左邊，折往燦光寮逆向與之遙遙相望的半平與無耳茶壺兩山前進。

半平山，因山稜削平一半而得名，僅以二十五公尺之微而屈居燦光寮之後，實則以肉眼看來殊難分其軒輊。許是地段相近之故，路況與週遭環境與燦光寮殆相彷彿。但登山步道稍爲寬綽了些，兩旁茅草與樹枝掩映，其密度亦較前者爲稀。一路上仍多賴手腳並用，才得安然通過，偶一大意，便狀況頻生。抵稜線前也是半個多小時的困頓行程。計自牡丹下車以來，除古道盡頭啞口福德祠前，有較長時間休息充電外，經過近五個小時的持續行役，大軍至此已師老兵疲，半呈神疲力竭狀況。但說也奇怪，等跨上稜線後，四圍青翠的景色入目，迎面沁入心脾的山風撲來，便覺精神一振，元氣大復。明知登山苦，偏向山中行，說來咱們這些近乎山癡的伙伴，簡直就是無可救藥的樂觀者，儘管已累得七葷八素，舉步維艱，但只要接近青山，見山心喜，便足以去憂解困，如此心懷，看似平凡實豁達。

攻上山頂，外行人看熱鬧，卻怎麼也瞧不出削平的一半何所似？好在完成攻頂纔是最大的樂趣，山既無恙，管他半平與否？再說征程未了，矗立在前頭的無耳茶壺山，還等著我們前去光顧，那來閒情解疑思？

半平山勢非高，本以為輕易便可跨越山腰攻抵前方茶壺山境。卻不料山腰半途殺出個程咬金來，一段十多公尺長的峭壁，橫阻於前，飛渡無門，臨崖下探，個個驚魂。雖沿壁繫有繩索可資輔助，惟下降之勢，重心較難控制，手腳必須密切配合，否則，或腳底踏空，或身懸其間左右晃動，後果都將不堪設想。為照顧心怯或力竭的隊友，在社長鎮定的指揮下，以男女交叉方式，緩緩下降。當時情況，眞是說來容易卻驚險萬分。即使自己都已安然落地，猶不自禁的為留在上面的隊友揑一把冷汗。這場景，可眞的是「安危相仗，甘苦共嘗」的最佳寫照。好一陣折騰後，總算脫離半平山的糾纏，創造了又一次難得的紀錄。

四

回過神來，仰瞻無耳茶壺山横亘於前，心下一凜。看看手錶，已近午後三時又半，不禁暗羨中途脫隊逕下九份的朋友，想此刻必早在九份街上自在逍遙裡，一時大意，冒然參加了他們鍛鍊高山腳力的後段行程，古道過後連登群峰，但此刻倒眞成了再衰三竭強弩之末的態勢，後悔不迭，卻已回不了頭，誤上賊船，徒嘆奈何！

社長一迭聲的加油打氣，大伙多已乏力回應，銳氣盡失，步伐也顯得蹣跚，彷若當年上雪山，攀玉山……攻頂過程的艱苦印象，一一都到眼前來。自從前任社長文芳兄卸下重擔後，一衆老鳥也隨之東飛西散，未嚐此中滋味久矣，髀肉復生，歲月亦不饒人，在在令人深嘆！

所幸也是半個小時左右的行程，倒沒想像中的艱難。順利登上峰頂，還沒來得及歡呼，眼前又有狀況發生。原來這形似缺掉提把的茶壺山頂，悉由岩塊堆成，不規則的排列，緊密而突兀，一時間竟遍覓不著越峰而下的通道。幾經琢磨探勘，最後還是老練的社長在基座與峰頂岩塊間，找到一絲僅容一人勉強擦身可過的縫隙，身先士卒，以彎腰縮腹的姿勢，側身挪移而過。他老兄不愧是岳社後起之秀的健腳，身手矯捷，輕鬆過關，但後之來者，要依樣葫蘆，可就得煞費功夫了。所喜，隊中未見胖哥胖妹，否則，這一關準被卡住。

但說時遲那時快，一關纔過，一劫又生。由岩塊堆砌而成的茶壺峰頂，內圍自成一中空山洞，洞雖不深，奈洞內光線不佳，徒手援壁逐級摸索而下，也頗費一番手腳。好在爲山九仞，這最後的一簣，就在豁然開朗的洞口外，跨此一步，就算安然越過了茶壺山。但見天地爲寬、山川壯麗，座落在山腳下的古礦城金瓜石，房舍參差，依稀可辨。儘管下山還有一段不短的路程，但此去一路下坡，又是龍一條也。

連登三山，快意歸途，無限風光，盡入眼底。這纔深深體會到「古道碑記」所描繪的「三貂拾翠路玲瓏，嵐光旖旎陽光白」的意境。雖乏王維筆，難令乾坤入畫屏，但得親炙此綺麗春山，秀色長印腦海，彩筆、畫屏何有哉？

中信通訊二二七期九一、七、一

尋幽直到法蘭西

爲探訪彼德梅爾（Peter Mayle）筆下優閒自在的「山居歲月」，追尋普羅旺斯的暖日藍天，在寒意褪去，酷暑來臨的五月天，偷得浮生數日閒，偕老伴隨團深入大西洋岸歐陸西埵的法國，作了一趟愜意的巡禮。遨遊十天，屐痕所至，竟與前年的瑞士深度之旅，有異曲同功之妙，也是依順時針方向，走馬看花，繞行一周。興盡歸來，餘音迴盪，情牽不已……。

一、蔚藍海岸驚絕色

當長榮巨鵬歷經十三個小時半的九霄翺翔，飛過台北深夜，飛抵巴黎的清晨，惜花都仍沉浸在曉夢中，遠客心急趕路，無緣親近便匆匆離去。接駁轉機續飛九百公里，直抵法國東南海岸的渡假勝地尼斯，踏上舉世聞名的「蔚藍海岸」領域。

但見寬廣的藍色海岸，岸旁的高大椰影，刺眼的陽光，還有古羅馬帝國時代所遺留的古老街道，尼斯以異於其他著名渡假勝地的特殊風格，散發出懷古的幽思，也充滿優閒步調，才臨其境，便驚喜連連，嘖嘖贊嘆！

然而，尼斯只是蔚藍海岸的一環而已，以之爲中心，西起坎城，東迄摩納哥一帶的地中海岸，一線相連所構成的絕色景觀，都是世界聞名的「蔚藍海岸」渡假勝地。海岸東端的摩納哥，與瑞士境內的列支敦士坦一般，都是依附於大國境內自成天地的蕞爾小國，國民所得之高也是令人羨慕。而摩納哥以其已故王妃曾是好萊塢當紅影后，以及境內豪華的賭城蒙地卡羅而聲名益噪。有限的領地內，一邊是浩瀚無際的地中海，湛藍的海上滿佈私人豪華遊艇；一邊是多彩多姿的別墅群與坐落山巔的高樓巨廈，看似驚險卻也安然，沒有土石流的戒懼，算是得天獨厚了。

由於方程式賽車假其地舉行，蒙地卡羅一帶交通管制，但聞車聲喧囂，不見賭城風光，過屠門而不能大嚼，掃興之至。三個多小時的逗留，逛遍王宮附近人爲與天然景觀，也見識了小王國的富麗堂皇，見面猶勝聞名。

返宿尼斯，海岸邊椰林大道旁林立的高級飯店，令人驚艷，卻無福消受，奈何？不甘坐失美景，相約翌晨在導遊的帶領下，椰林大道上漫步渡晨光。藍天、碧海、白浪、沙灘，還有天涯遊子，一迭聲的贊嘆，堪羨尼斯，令人留連。

然而緊湊的行程，卻不容多作徘徊。好在西去坎城，水碧天藍，都還是蔚藍海岸的範疇。途中折入香水之都的葛拉斯，在一家歷史悠久的香水工廠，接待小姐鼓其如簧之舌，唱作俱佳的引介下，一眾訪客紛紛解囊搜購，也樂得店家笑口大開。

笑聲中奔赴蔚藍海岸西端，以舉辦「坎城影展」而揚名國際的坎城。炙熱的陽光下，沙灘上橫七豎八到處是陶醉在日光浴下的衆生，還有散處其間豪放的上空嬌娃，海濱風光，春色撩人，坎城盛名，果然不虛。

適值影展即將揭幕，各方人潮湧至，擁塞喧嘩，極一時之盛，而難掩混亂之勢。倒是烈日下，只見咱們這些東方來客，幾乎人手一支小陽傘，遠遠望去，既突兀也鮮明，爲坎城春色，憑添風光幾許。

二、普羅旺斯覓山居

告別春色撩人的坎城，西出四十餘公里，造訪昔日普羅旺斯的首府艾克斯，追逐普羅旺斯優閒的山居歲月。

漫步在號稱法國最漂亮的米哈波大街，穿梭於夾道上巨大的法國梧桐樹下，尋覓常年塞尙、梵谷、左拉經常光顧的「雙侍者」咖啡館，也見識了滿街露天咖啡座上，一大票男女衆生，陽光下淺斟慢酌自得其樂的神態，讓人感染上一絲「山中無日月」的悠緩步調，心嚮往之！

到法國印象派大師塞尙的故居，目睹畫室中塞氏當年的部份手澤，一股思古幽情，油然而生。豈奈外行人看熱鬧，一瞥既過，即步出另覓天地，到樹木扶疏的庭院，樹影搖曳，涼風習習，陽光從樹葉間洒落下來，涼椅上小坐片刻，悠緩閒適，不讓米哈波大道的咖啡衆生。

普羅旺斯多山城，惟艾克斯南方二十餘公里外的馬賽，卻是地中海的最大港口，也是法國聞名的魚湯之鄉。

從聳立山巔雄偉莊嚴的聖母院，下瞰馬賽漁港，檣桅林立，岸邊紅瓦白墻的屋舍，鱗次櫛比，煞是壯觀。暮色降臨前到港口邊享受一頓期待已久的馬賽魚湯。坐對港口，面臨大海，海風輕吹，晚霞滿天，如此良辰，快意至極。只可惜魚湯又腥又鹹，平庸的口味，感覺上就像當年瑞士之行所領教的瑞士火鍋一般，失望之餘，只好以羊羹雖美衆口難調自我解嘲了。

馬賽的碧海藍天，多少還有蔚藍海岸的影子，折往西北到瀕臨隆河的中世紀山城亞威儂，沿途遼闊的平原，綠油油的農田，寧靜恬適的鄉村小鎮，纔十足顯現普羅旺斯的風味。

亞威儂是普羅旺斯的重鎮，自十四世紀時因緣際會連續七任教皇駐蹕於此，而名留青史。走過七百餘歲月的教皇宮，是一座哥德式的宮殿，高達一百五十呎的一些塔樓，還有令人目迷心炫難以罄數的套房，迴廊、尖塔和鐘樓，昔日繁華堪誇。城郊聖具聶哲斷橋，斷橋上巍然屹立的小教堂，都以神蹟顯赫而引來如潮的膜拜者。另一處奇景嘉德水道橋，則是古羅馬時代的偉構，架橋引水，巧奪天工，令人嘖嘆。盤踞在石灰岩塊組成的山坡頂端，深居山間的古老村莊勒波山城，遠看壘壘石堆，彷若廢墟，入內則柳暗花明，別有洞天，且也商家林立，遊客穿梭不絕，看似荒蕪卻神奇，咱們九份山城，依稀有幾分神似。

從山城下來，經半小時車程，在傍晚前進入羅馬帝國時代的第三大城亞爾。夕陽古道，悠悠思遠。

翌晨，踏訪充滿羅馬式生活痕跡的亞爾市區，其中雕欄玉砌半傾圮的古劇場，徒留兩根諢稱「雙寡婦」的石柱空朝天，宏規無恙使用不輟的競技場，還有輪廓依稀的浴場，都令人興思古之幽情。

頂著梵谷喜愛的金黃色陽光，到一家以梵谷爲名的餐廳，用完餐，追懷這位命運多舛的法國畫家，在亞爾迸出生命中最豐盈的一頁往事，扼腕聲中，依依離去。

三、滄桑歷盡古城堡

步出亞爾古城，普羅旺斯的山居歲月，漸行漸杳。此去沿途平原遼闊，沃野千里，極目遠處，青山隱隱，法國中南部的秀麗河山，較之瑞士草原絕色，更見雄渾壯闊。三個多小時的車程，一路風光明媚，趨訪與西班牙接境，坐落於一片美麗山丘上的千年古城堡—喀爾卡松。

這座佔地廣大的城堡，雄偉的要塞，盤據在五十公尺高的山頭之上。擁有五十二座城塔，由兩重固若金湯的城牆環繞，全貌於十三世紀完成，歷千載風霜，而不改其巍峨之姿，據說爲歐洲最大，保存最完整的中世紀防禦古城。城內巷道曲折繁複，漫步在中古時期的石板道上，山風呼嘯，古意盎然。在城堡內一家現代設備的西餐廳晚餐，一客鴨肉燜豆佐以領隊助興的法蘭西紅酒，醺醺然於餘暉映照的古城堡，令人回味無窮。

翌晨，離城北上，午餐後深入地底一百零三公尺深的帕迪哈河穴探險。洞內地道傍水流綿延十一公里許，中間一段水深處，還備有划舟接渡。船夫皆當地壯丁，一路嘰哩呱啦，儘管鴨子聽雷，偶爾還得故做會心狀，滑稽逗趣，樂在其中。而洞裏乾坤，奇崛瑰麗，較諸前年踵訪的美國維州仙人洞與北加州的玄天鐘乳石洞更具看頭。

號稱基督教聖地的賀卡馬杜山城，深藏於一百五十公尺高的懸崖下，矗立在一片秀麗景色的山谷間，爲瞻仰聖蹟，冒雨乘一段電梯再下一百級石階，城中店家相連，市儈氣，似已沖淡了宗教氣息。

投宿鵝肝醬故鄉莎拉，一家城堡式飯店，山城小鎮，寧靜安詳，一宿之緣，戀戀難忘。

翌晨，重染風塵，經四百多公里拉車，趕返法國中部風景優美，古堡成群的羅亞爾河谷一帶，擇要造訪了雪濃梭堡與香波堡。

前者位於杜爾區東端，以拱門造型優雅、橫渡水面而著名，自十三世紀初關建以來，歷經數世紀遞嬗，先後有六任城堡女主人的恩怨情仇，爲城堡憑添幾許浪漫與神秘氣氛，又稱「貴婦之宮」。護城河外，左右兩座以后妃爲名闢建的花園，爭妍鬥艷，正對城門兩排綠樹成蔭，筆直延伸，空曠壯闊，幾經滄桑，古堡不改其高貴之氣。

後者在布羅瓦市東邊，爲羅亞爾河谷燦爛的古堡群中最閃亮的明星。佔地五千公頃，是一座兼具中世紀與文藝復興風格的城堡，保留著自然生態的廣闊園林，也是有名的狩獵行宮。十六世紀初，時已年邁的文藝復興大師達文西應國王法蘭西斯一世之禮聘設計藍圖，經三十年始完工。四百四十間房間，外貌已斑駁，內部裝潢則富麗堂皇，明暗互通，加以極具巧思的雙層螺旋梯，置身其間，如入迷宮，時而驚，時而喜，贊嘆不已。

羅亞爾河谷燦爛的古堡裏，流連一晝，夢迴千年。隔朝續行北上，趕抵巴黎南郊約六十公里處，駐足耀眼光彩的楓丹白露宮。

成「ㄇ」字型三層樓式建築，古樸雅緻的外觀，卻有著金碧輝煌與富麗堂皇的內貌，最得拿破崙青睞，蓋有由也。專程前來導覽的徐小姐，逐室介紹，細述宮闈秘史，如數家珍。然而幾座古堡走過，乍見時的驚奇，到得如願也平常。金碧輝煌，珠光寶氣何堪羡？就算是拿翁最喜愛的行宮，也覺索然了。

步出楓宮，城堡之旅，便算劃上句點。這些滄桑歷盡的古城堡，見證中古法國的輝煌歷史與浪漫情懷，與蔚藍海岸的天然絕色，普羅旺斯的山居歲月，別具一番滋味。

四、花都驚鴻餘情繞

約一個小時光景，滿懷興奮於近午時分踏入巴黎市區，然而嚮往久之的花都卻以微風細雨與車聲人潮相迎。光顧協和廣場週遭一家中國餐廳，目睹饕客盛況，對岸同胞與剛從台灣來的遊客，擠成一團，人聲嘈雜，鄉音嚷嚷，一份親切兼雜幾許無奈。乍入花都，滿眼繁華，而紛亂逼人，一時還頗難消受哩！

此趟行程，以巴黎爲起點與終站，只可惜行程匆匆，花都但得半日驚鴻。像趕集一般，先是一瞥三百公尺高的艾菲爾鐵塔，自一八八九年矗立迄今，依然是巴黎傲人的地標，遠觀近看兩相宜。隨後移師凱旋門，領教了附近惡名昭彰的塞車實況，回過神來仔細端詳這座高五十公尺，寬四十五公尺的氣派拱門，仰瞻拱門頂，遊客如織，果然不失爲巴黎最迷人的景觀之一。而巴黎最美的香榭里舍大道盡頭即止於凱旋門，藉地利之便，就近在這條久享盛名的大道閒逛，欣賞人潮、室內畫廊和騎樓的商店，賞心悅目，自不在話下。惜驟雨突降，擾人遊興，趕緊轉往著名的春天百貨公司，罄囊中所有，瞎拼得不亦樂乎，也爲旅程劃上完美的休止符。

巴黎是歐洲的樞紐，也是人口密度最高的首都。據統計，法國的五千萬人口中，有五分之一齊聚於此；而來自全球各地各色人等的移民，也不在少數。豐富的歷史，高雅的建築，氣派的林蔭大道，風情無限的塞納河，還有動人的藝文薈萃，是旅人心目中必得一遊的聖地。咱們以半日時光，走馬看花，浮光掠影，不過一麟半爪而已，必欲進窺堂奧，只有期諸他日了。

啓程返國，快意滿懷。孰料入關之頃，突接華航墜機噩耗，既爲失事同胞安危憂心，也以己身平安歸來慶幸，生死一線間，生命的無常，於此時際，感受格外深刻。而對一路上不斷的以紅酒犒師的領隊文芳兄，還有一肩獨挑不負使命的導遊劉先生，益增感戴之情，至於三十餘位親如家人的伙伴，相惜之感，更寄厚望於再會之期。

中信通訊二二八期九一、十、一